ADEVĂRUL DE DINCOLO
DE OM

ADEVĂRUL DE DINCOLO DE OM

BERECZKI SANDOR ONISIM

Copyright © 2025 Bereczki Sandor Onisim

ISBN: 978-1-9192134-3-9

Toate drepturile rezervate. Nicio parte a acestei publicații nu poate fi reprodusă sau transmisă, sub nicio formă și prin niciun mijloc, inclusiv fotocopiere, înregistrare sau alte metode electronice ori mecanice, fără permisiunea prealabilă, în scris, a editorului.

Publicat de: Bereczki Sandor Onisim

Tipărit în Statele Unite ale Americii

Cuprins

INTRODUCERE
Adevărul de dincolo de Om   vii

CAPITOLUL 1
Cine suntem și de ce suntem aici   1

CAPITOLUL 2
Accesul la memoriile universale – Reamintirea și viețile anterioare   9

CAPITOLUL 3
Viitoruri posibile și destin   17

CAPITOLUL 4
Amintiri din vieți anterioare   25

CAPITOLUL 5
Întâlniri dincolo de văl   35

CAPITOLUL 6
Amintiri ale Puterii și Lecția Iubirii   43

Capitolul 7
Vieţile ciclice – Cercurile existenţei 51

Capitolul 8
Prizonier sau liber pe planeta Pământ 59

Capitolul 9
Metode de vindecare a sufletului 67

Capitolul 10
Vindecarea sufletului 77

Capitolul 11
Adevăruri de dincolo de om 85

Încheiere 91

Mesaj pentru tine, cititor drag 93

Introducere

Adevărul de dincolo de Om

Această carte nu este doar o colecție de experiențe personale. Ea este o mărturisire sinceră, o călătorie lăuntrică ce străbate multiple vieți, dimensiuni și stări ale ființei.

Am așternut aceste rânduri nu pentru a convinge, ci pentru a împărtăși ceea ce mi s-a revelat cu blândețe de-a lungul timpului. Adevărurile din paginile de față nu cer acceptare. Ele cer doar o inimă deschisă. Vor pătrunde acolo unde este nevoie și vor înflori atunci când sufletul cititorului va fi pregătit, călăuzit de legea universală a echilibrului.

Capitolul 1

Cine suntem și de ce suntem aici

Cine suntem și de ce am venit pe Pământ

Eu sunt cel care scrie acum. Și tot eu sunt cel care citește. Sunt cel care ascultă, simte și respiră clipa aceasta. Pentru că, dincolo de aparențe, dincolo de forme și roluri, noi suntem Unul. Ceea ce pare a ne separa – ego-ul, identitatea, corpul fizic – este doar un văl temporar, menit să creeze iluzia individualității.

Ego-ul ne împiedică să vedem această unitate. Dar dincolo de el, dincolo de povestea pe care ne-o spunem despre noi înșine, există o Conștiință Unică, un Singur Spirit manifestat în nenumărate forme, trăind experiențe variate pe Pământ, în alte dimensiuni, pe alte planuri ale existenței.

Atunci când ego-ul este cu adevărat lăsat deoparte, Spiritul tău se reconectează cu Spiritul Înalt – sursa din care provii. În acea stare, adevărul devine limpede, și îți amintești cine ești cu adevărat. Spiritul Înalt este pur, iubitor și perfect în esență. A te alinia cu el înseamnă a trăi în armonie, a fi în echilibru cu întregul Univers.

Este fascinant că multe religii vorbesc despre mântuire, despre reguli și condiții de urmat. Însă puține te îndrumă cu adevărat să te cunoști, să-ți cauți rădăcina în propria inimă și să trăiești adevărul prin experiență directă, nu prin credință oarbă.

Așadar, te întreb cu blândețe: Cine ești?

Poate îmi vei răspunde cu numele tău – cel oferit de părinți. Poate vei vorbi despre profesia ta, despre trupul în care locuiești. Însă dincolo de toate acestea, înainte de a primi un nume, un rol, un destin, Spiritul tău a pășit în acest trup. Acel Spirit ești tu. Numele, educația, credințele – toate acestea sunt învățate pe parcurs. Dar tu, cel adevărat, ești etern și viu dincolo de ele.

Nu-ți cer să crezi ceea ce scriu aici. Dar te invit, cu toată iubirea, să cauți, să simți și să descoperi. Adevărul nu este o teorie, ci o trăire. Lasă-ți sufletul să cerceteze, să pună sub semnul întrebării, să simtă dincolo de cuvinte. Află cine ești cu adevărat și ce daruri porți în tine – nu pentru validare, ci pentru a le dărui lumii.

Poate că ai primit convingeri religioase, sociale sau culturale, le-ai acceptat fără să le cercetezi, pentru că așa ți s-a spus. Și e firesc. Dar adevărata cunoaștere începe atunci când îndrăznești să privești dincolo de ceea ce „se spune" și îți asculți inima.

Această carte este o călăuză. O chemare. Am scris-o pentru a te însoți în înțelegerea motivului pentru care ai venit pe Pământ și a scopului profund pe care îl ai aici: acela de a experimenta, de a învăța, de a iubi și de a evolua.

Mintea – prietenul sau dușmanul tău

Indiferent de ceea ce se petrece în jurul tău, adevărata forță se naște din interior. Puterea autentică nu înseamnă a domina sau a controla, ci a păstra pacea lăuntrică în mijlocul furtunii. Este acea stare de liniște profundă, care nu depinde de circumstanțele exterioare, ci de felul în care alegi să răspunzi vieții.

Această stare poate fi cultivată prin observarea gândurilor, prin conștientizarea emoțiilor și prin liniștirea treptată a minții. Nu este ușor să rămâi în pace când ești înconjurat de oameni agitați, de energii tulburi sau de contexte tensionate. De aceea, este esențial să îți antrenezi atenția – să o aduci dinspre haosul lumii înspre tăcerea inimii tale. Doar acolo, în acel spațiu sacru din tine, găsești echilibrul adevărat.

Dacă îți concentrezi întreaga atenție doar asupra lucrurilor materiale, nu te poți aștepta la o viață cu sens și împlinire profundă. Dar nici extremele nu sunt o soluție. Adevărata înțelepciune constă în armonie – între trup, minte, emoții și spirit. Este dansul fin al echilibrului.

Atunci când cineva te rănește sau te jignește, tu ai puterea de a decide ce lași să pătrundă în tine. Poți deschide ușa suferinței sau poți rămâne în liniștea celui care știe că niciun cuvânt nu te definește. Emoțiile nu apar din senin – ele sunt generate de mintea ta, influențată de tiparele pe care le-ai preluat de-a lungul vieții.

Dar dacă privești cu atenție în jur, vei observa că foarte puțini oameni sunt cu adevărat fericiți. Și motivul, de cele mai multe ori, se află în propria lor minte. Mintea poate fi o unealtă divină, dar și o sabie cu două tăișuri. Ea creează emoțiile tale, reacțiile tale, percepțiile despre lume.

Adevărata fericire nu se primește din afară – ea se revelează din interior, atunci când mintea încetează să caute și începe să slujească liniștii tale.

Masca pe care o poartă oamenii

În spatele zâmbetelor forțate, al vorbelor bine alese și al aparențelor construite cu grijă, mulți oameni ascund o tăcere dureroasă. Unii poartă în ei o inimă blândă, o sensibilitate profundă, dar aleg să o acopere. De ce? Pentru că, de prea multe ori, au fost răniți.

Așa se naște masca.

Într-un mediu care valorizează duritatea, controlul, succesul exterior, mulți aleg – mai mult sau mai puțin conștient – să-și construiască o imagine: mai rece, mai distantă, mai puternică. Dar această forță aparentă nu este autentică. Este o protecție. O reacție de apărare a copilului rănit din interior.

Este esențial să înțelegem: oamenii răniți, oamenii agresivi sau închiși, nu sunt răi în esență. Sunt doar ființe care au uitat cum să simtă în siguranță. Care și-au pierdut încrederea în iubire. Care trăiesc dominați de frică – o frică de a fi respinși, controlați, umiliți sau neînțeleși.

Dar adevărata întrebare nu este doar despre ceilalți, ci despre tine: **Ce mască porți tu?**

Iluzia Ego-ului și Povara Atașamentelor

Ego-ul este ceața care te împiedică să vezi ceea ce deja există în tine: nelimitarea, liniștea, bucuria, pacea. Atunci când te identifici cu trupul, te restrângi la o formă trecătoare. Adevărul este că nu ești corpul tău. Nu ești gândurile tale. Nu ești fricile sau ambițiile care te împing.

Tu ești esență. Ești spirit. Ești prezență eternă în mijlocul unei experiențe temporare. Iar atunci când această amintire revine în tine, toate luptele ego-ului încetează.

Un moment de introspecție

Te invit să te oprești pentru câteva clipe.

Să respiri adânc.

Să-ți lași gândurile să se așeze ca praful pe fundul unui vas cu apă.

Și să te întrebi, cu sinceritate:

– În ce măsură trăiesc din ego?

– Cât din ceea ce cred că sunt este doar o mască, o protecție, o iluzie?

– Ce se află dincolo de rolurile mele, de imaginea mea, de fricile și dorințele mele?

– Cine sunt eu, cu adevărat, dincolo de formă, dincolo de nume, dincolo de trecut?

Răspunsul nu trebuie grăbit. El nu vine prin analiză, ci prin prezență. Prin liniște. Prin reamintire.

Și când sufletul îți va șopti răspunsul, îl vei recunoaște nu pentru că e logic, ci pentru că te va face să simți – **Acasă**.

Chemarea spre autenticitate

Această călătorie spre „acasă" nu este un drum ușor, dar este, fără îndoială, cel mai valoros. A renunța la măști și la iluziile ego-ului înseamnă a te expune, a-ți arăta vulnerabilitatea. Adevărata putere se află chiar în această vulnerabilitate, pentru că a-ți arăta sinele autentic este un act de curaj suprem. Când încetezi să te ascunzi, atragi în viața ta oameni și experiențe care rezonează cu adevărul tău interior.

Procesul de demascare a iluziilor este, de fapt, un proces de eliberare. Eliberare de povara de a fi altcineva, eliberare de frică și de nevoia de a controla. Când începi să trăiești din esența ta, din spirit, viața capătă un flux, o ușurință. Nu mai simți că te zbați împotriva curentului, ci plutești cu el, știind că ești ghidat de o inteligență superioară.

Semnalele de trezire ale sufletului

Uneori, viața ne trimite semnale puternice pentru a ne trezi. O criză, o pierdere, o boală, un eșec aparent – toate pot fi, de fapt, niște mesageri. Ele ne forțează să ne oprim din agitația cotidiană și să ne punem întrebări esențiale. Cine sunt, dacă nu sunt profesia mea, banii mei, sau relațiile mele? Aceste momente de criză sunt daruri deghizate, oportunități de a depăși tiparele vechi și de a ne reconecta cu cine suntem cu adevărat.

Este important să ne ascultăm intuiția. Această voce blândă, dar persistentă, este vocea sufletului tău. Ea nu se manifestă ca un gând agitat, ci ca o certitudine calmă, o direcție subtilă. Când mintea strigă „fii prudent!", intuiția poate șopti „ai curaj!". Adevărata înțelepciune este să înveți să faci diferența între fricile ego-ului și îndemnurile inimii.

Drumul spre casă nu se termină

Nu există o destinație finală în această călătorie, pentru că esența ta este deja „acasă". Călătoria este despre a-ți aminti acest adevăr în fiecare clipă. Este o practică zilnică de prezență, de observare, de iubire de sine. Fiecare pas, fie el mic sau mare, este o revenire la sursă, la unicitatea ta divină.

Și pe măsură ce te trezești, îți vei da seama că scopul tău suprem nu este de a realiza ceva măreț, ci de a fi, pur și simplu, tu însuți. Iar prin simpla ta existență autentică, oferi lumii cel mai de preț dar.

Concluzie

Viața pe Pământ este ca o școală a sufletului, unde fiecare experiență devine o lecție prețioasă. De multe ori, ceea ce ne provoacă cel mai mult este tocmai ceea ce ne ajută să creștem. O pierdere, o durere sau o dezamăgire pot părea poveri grele, dar în adâncul lor se ascunde o lumină: o chemare spre autenticitate, spre descoperirea forței lăuntrice.

Adevărata întrebare nu este „de ce mi se întâmplă asta?", ci „ce vrea sufletul meu să învăț din această experiență?". Când îndrăznim să privim în acest fel, realitatea își schimbă fața. Obstacolele se transformă în trepte, fricile în ocazii de curaj, iar suferințele în porți către compasiune.

Călătoria pe care o parcurgem aici nu este despre perfecțiune, ci despre reamintire. Ne-am născut nu pentru a deveni altcineva, ci pentru a ne întoarce la ceea ce suntem deja: ființe de lumină, iubire și prezență. Fiecare clipă în care alegem să fim sinceri cu noi înșine și să lăsăm măștile să cadă este o victorie a sufletului.

În momentele de liniște, atunci când respiri adânc și îți lași mintea să se oprească, poți simți freamătul eternității în tine. Este un spațiu în care nu există vinovăție, rușine sau teamă. Există doar pace și libertate. Și acolo, în acea liniște, îți amintești că ești infinit și că scopul tău aici este simplu: să aduci iubirea în lume, prin ceea ce ești și prin ceea ce faci.

Întrebări pentru reflecție

1. Ce experiențe din viața mea m-au ajutat să descopăr cine sunt cu adevărat?
2. În ce mod pot să las deoparte masca pe care o port și să trăiesc mai autentic?

Pagina pentru notițe

Capitolul 2

Accesul la memoriile universale – Reamintirea și viețile anterioare

Cum am ajuns să-mi reamintesc din viețile anterioare

Această carte nu este doar o adunare de povești personale, ci o deschidere a sufletului. Ea reprezintă un fir nevăzut, care unește experiențele mele de-a lungul mai multor vieți și care, printr-o tainică sincronicitate, m-au adus aici și acum, pentru a le împărtăși.

Unele dintre relatările mele pot părea greu de înțeles sau chiar fanteziste. Este firesc. Mintea umană a fost obișnuită să creadă doar ceea ce poate fi măsurat și verificat. Știu că unii vor citi cu scepticism, alții mă vor judeca, iar unii poate mă vor numi „visător". Nu îi condamn. Fiecare privește prin lentila propriei conștiințe.

Tot ce aștern aici nu sunt teorii, ci realități pe care le-am trăit. Sunt amintiri vii, trăite cu toată ființa mea, care m-au transformat și m-au ajutat să înțeleg cine sunt.

Am avut momente în care puteam pătrunde în adâncul sufletului altor oameni, simțind gândurile lor nerostite, durerile ascunse sau bucuriile nemărturisite. Acest dar nu este menit să fie folosit pentru curiozitate sau putere, ci ca o mare responsabilitate. Intimitatea unei ființe este sacră și trebuie respectată. De aceea nu dau exemple concrete și nu pomenesc nume. Dar pot spune că fiecare experiență m-a învățat să privesc omul cu mai multă compasiune și să înțeleg că dincolo de măști și cuvinte se află un suflet care caută lumină.

Universul ca spirală a memoriei

Am descoperit că universul nu este liniar, ci ciclic. Totul se repetă, dar niciodată la fel. Este o spirală subtilă, unde fiecare întoarcere aduce în plus o rază de înțelepciune. Așa cum spune o veche învățătură: „Ce a fost va mai fi, și ce va fi a mai fost."

Fiecare viață aduce cu sine ecouri ale celor anterioare: lecții neterminate, iubiri neîncheiate, promisiuni uitate. Nu există întâmplare. Totul este orchestră divină.

Pentru mine, procesul reamintirii a început treptat. Uneori apăreau imagini vii, alteori emoții intense fără motiv aparent. Uneori era suficient să văd o fotografie sau să ascult un cântec vechi, iar în mine se deschidea o ușă către alt timp. Cu timpul, am înțeles că ceea ce trăiam era o atingere a câmpului Akashic – acea bibliotecă universală în care fiecare gând, fiecare faptă, fiecare clipă a existenței este păstrată.

Am realizat și altceva: amintirile care îmi erau arătate nu veneau niciodată întâmplător. Primeam doar ceea ce sufletul meu era pregătit să înțeleagă. Era un proces ghidat de o înțelepciune mai mare decât mintea mea.

Percepția realității și limitările minții

De ce unii oameni resping astfel de experiențe? Pentru că percepția noastră este filtrată de minte, iar mintea este limitată de credințe. Este ca și cum ai privi lumea printr-o pereche de ochelari colorați: dacă lentilele sunt galbene, totul pare galben; dacă sunt albastre, totul pare albastru. Realitatea însă rămâne ceea ce este, dincolo de filtre.

Religiile, culturile, tradițiile sunt și ele asemenea unor lentile. Fiecare pretinde că deține adevărul absolut. Și totuși, dacă privești cu ochii inimii, vezi că fiecare conține o scânteie de lumină, dar și umbrele propriei limitări.

Am înțeles că Adevărul Divin nu poate fi încorsetat într-o dogmă, într-o carte sau într-o instituție. El este infinit și viu. Se revelează direct în inimile celor care au curajul să caute, să întrebe și să simtă dincolo de zidurile fricii.

Poate și tu, cititorule, ai simțit că există mai mult decât ți s-a spus. Poate ai avut vise stranii, senzații de déjà-vu sau emoții fără explicație logică. Poate ai întâlnit oameni pe care i-ai simțit „aproape" din prima clipă. Nu sunt întâmplări. Sunt semne ale sufletului tău care își amintește.

Despre Akasha – spațiul memoriei universale

Cuvântul „Akasha" provine din sanscrită și înseamnă „spațiu" sau „etern cer". În esență, este matricea subtilă în care se păstrează întreaga memorie a existenței. Nimic nu se pierde. Tot ce a fost, este sau va fi, rămâne înregistrat.

Accesul meu la acest câmp nu a fost planificat. S-a întâmplat spontan, ca și cum o ușă invizibilă s-ar fi deschis. La început am crezut că este doar imaginația mea. Apoi, pe măsură ce viziunile deveneau mai clare, am înțeles că nu era un joc al minții, ci contactul cu un spațiu de cunoaștere care mă depășea.

De ce unii au astfel de experiențe, iar alții nu? Nu pentru că ar exista suflete „speciale" și altele „obișnuite", ci pentru că fiecare are un ritm propriu de trezire. Akasha se deschide doar atunci când ești pregătit să primești ceea ce ți se arată.

Semnele accesului accidental la Akasha

Mulți oameni experimentează Akasha fără să știe. Când pășești într-un loc în care nu ai mai fost, dar simți o emoție puternică de familiaritate – aceea poate fi o amintire. Când visezi repetitiv o scenă sau un chip necunoscut, s-ar putea să fie ecoul unei alte vieți.

Un déjà-vu poate fi mai mult decât o impresie. Poate fi o fereastră deschisă pentru o clipă, prin care sufletul îți arată că a mai trecut pe acolo.

Unii oameni primesc și mesaje subtile, în timpul meditațiilor sau chiar în clipe de liniște adâncă. Informațiile nu vin ca o poveste clară, ci ca stări, senzații, imagini scurte. Dar ele lasă în urmă o certitudine: „eu am fost acolo, eu am trăit asta".

Pe măsură ce aceste experiențe se repetă, ele devin tot mai clare și mai puternice. Nu pentru a impresiona, ci pentru a ajuta sufletul să înțeleagă cine este și ce are de învățat.

Reflecție pentru suflet

Te invit să-ți pui o întrebare simplă: Ce amintire, emoție sau vis a revenit în viața ta fără motiv logic?

Nu te grăbi să-l judeci ca pe o fantezie. Poate fi o cheie. Poate fi vocea sufletului tău care îți spune: „Amintește-ți cine ești."

Un ghid interior pentru a decoda mesajele

Pe măsură ce am continuat să explorez acest spațiu al memoriei universale, am realizat că accesul la el nu este suficient. Este la fel de important să înțelegi cum să decodezi mesajele pe care le primești. Akasha nu-ți vorbește în cuvinte simple, ci într-un limbaj al simbolurilor, al emoțiilor și al energiilor. E ca și cum ai învăța o limbă nouă, una a sufletului.

Am învățat să fac diferența între un simplu gând care apare și o intuiție profundă, care vine dintr-un alt plan al conștiinței. Intuiția nu cere logică, ci simțire. Ea este o certitudine interioară, un "da" sau un "nu" care răsună în inima ta, chiar dacă mintea nu-l poate explica. Când primeam o viziune dintr-o altă viață, de exemplu, nu mă concentram pe detalii istorice, ci pe lecția pe care sufletul meu trebuia să o învețe din acea experiență. Poate era vorba despre iertare, despre renunțarea la control sau despre a alege iubirea în fața fricii.

Drumul spre vindecarea karmică

Reamintirea nu este un scop în sine, ci un instrument de vindecare. Multe dintre provocările noastre din această viață - frici inexplicabile, atracții sau repulsii puternice față de anumite persoane, tipare de comportament repetitive - își au rădăcinile în viețile anterioare. Akasha mi-a oferit cheia pentru a înțelege aceste rădăcini. De exemplu, o teamă acută de apă s-a dovedit a fi legată de o experiență traumatică de înec într-o viață trecută. Conștientizând sursa, am putut elibera acea emoție și alege o nouă cale. Acest proces nu a fost întotdeauna ușor. A însemnat să-mi confrunt umbrele, să revăd suferințe și să iert, nu doar pe alții, ci și pe mine însumi. Vindecarea karmică nu înseamnă a șterge trecutul, ci a-l integra cu înțelepciune. E ca și cum ai rescrie un capitol din povestea ta, nu ștergând textul, ci adăugând o notă de subsol: "Acest capitol m-a învățat să fiu mai puternic".

Conexiunea cu ceilalți

O altă revelație importantă a fost felul în care viețile noastre se intersectează cu ale altora. Nu există întâlniri întâmplătoare. Sufletele noastre își dau întâlnire din nou și din nou, în diverse roluri, pentru a finaliza lecții, a-și onora promisiuni sau a se ajuta reciproc să evolueze. Această înțelegere mi-a adus o compasiune profundă. Când cineva îți provoacă durere, e posibil ca, într-o altă viață, rolurile să fi fost inversate. Recunoașterea acestor conexiuni karmice te ajută să privești dincolo de personalitate, la nivelul de suflet, și să eliberezi resentimentele. Nu te grăbi să etichetezi aceste idei. Lasă-le să se așeze în inima ta. Poate că vei găsi și tu, în liniștea de după un vis sau în momentul unui déjà-vu, o bucată din propria-ți memorie universală. E momentul să asculți ce-ți spune. Ce lecții crezi că ai putea învăța din amintirile tale?

Concluzie

Reamintirea nu este un spectacol al trecutului, ci o punte vie către prezentul tău. Când o amintire iese la suprafață din câmpul memoriei universale, ea nu vine să te rănească, ci să te elibereze. Îți aduce în față o piesă lipsă din puzzle-ul ființei tale, pentru ca astăzi să poți alege mai conștient. A vedea spirala existenței în locul unei linii drepte îți dă răbdare: înțelegi că totul are un timp, un sens și o rânduială subtilă. Nu ești întâmplător aici; ai venit cu daruri, cu lecții și cu întâlniri menite să-ți trezească inima.

Akasha nu răsplătește curiozitatea, ci maturitatea. Îți oferă doar ceea ce poți duce, atunci când ești gata să transformi cunoașterea în înțelepciune. De aceea, practica devine esențială: sinceritatea față de tine, liniștea de fiecare zi, discernământul dintre vocea fricii și șoapta inimii. Când te așezi în această prezență, imaginile, simbolurile și intuițiile încep să se lege într-o poveste coerentă – povestea ta adevărată.

Vindecarea karmică nu șterge ceea ce a fost; ea îl îmbrățișează cu blândețe și îi schimbă direcția. Iertarea devine artă, compasiunea – respirație, iar responsabilitatea – libertate. Pe măsură ce îți onorezi amintirile, nu mai ești prizonierul lor. Ești creatorul unui nou capitol, în care iubirea conduce, iar frica se topește în lumină. Îndrăznește să întrebi, să simți și să asculți: în spațiul acesta, sufletul îți arată drumul spre acasă.

Întrebări pentru reflecție

1. Ce situație repetitivă din viața mea ar putea fi o chemare a sufletului către vindecare și înțelegere?
2. Ce practică zilnică (liniște, jurnal, meditație, rugăciune) mă ajută cel mai mult să disting între frica minții și șoapta inimii?

Pagina pentru notițe

Capitolul 3

Viitoruri posibile și destin

Câmpul Akashic nu conține un singur viitor, ci o multitudine de posibilități. Fiecare ființă umană are, în mod constant, mai multe linii de potențial care se desfășoară simultan. De obicei, există o direcție principală – o linie de destin – conturată de alegerile, intențiile și lecțiile karmice ale sufletului. Dar în jurul acestei linii principale se deschid alte căi, ramuri subtile care pot modifica semnificativ traiectoria unei vieți.

Fiecare decizie, fiecare gând profund, fiecare transformare interioară poate închide sau deschide o nouă variantă de viitor. Aceste variante nu se abat radical de la scopul general al sufletului, dar pot schimba calitatea experienței, ritmul învățării sau profunzimea întâlnirilor karmice. Este asemenea unui copac uriaș: trunchiul este destinul general, ramurile sunt alegerile, iar frunzele – experiențele trăite. Indiferent pe ce ramură alegi să mergi, vei rămâne tot în acel copac al vieții tale, dar priveliștea și lecțiile vor fi diferite.

Mulți oameni se apropie de câmpul Akashic în mod natural înainte de a părăsi acest plan. Este acel moment sacru în care întreaga viață le trece prin fața ochilor – ca un film condensat, dar plin de sens. Această revizuire se petrece prin intermediul celui de-al treilea ochi, centrul spiritual al vederii interioare, situat în mijlocul frunții. Acolo, în acel spațiu tainic, sufletul se reconectează cu adevărul său, dincolo de iluzie și frică.

Adesea, oamenii judecă acele suflete care au făcut predicții despre viitor și care, aparent, „nu s-au adeverit". Însă ceea ce mulți nu știu este că atunci când cineva „vede" un viitor, el percepe doar una dintre multele posibilități. Realitatea finală este co-creată în permanență, influențată de alegerile individuale, dar și de conștiința colectivă – acel câmp comun în care gândurile, fricile și iubirea noastră modelează împreună calea lumii.

Puterea alegerilor conștiente

Viitorul nu este o pedeapsă sau o recompensă, ci o reflectare a ceea ce ai ales să înveți. Uneori, sufletul alege calea mai grea, pentru că în ea se află o lecție mai profundă. Altentor, alege calea mai lină, pentru a integra bucuria și recunoștința. Ambele sunt la fel de valoroase.

Așa cum un râu curge spre ocean, dar poate forma meandre, cascade sau lacuri pe traseu, și viața ta are un sens final, dar forma călătoriei se modelează clipă de clipă prin deciziile tale. Dacă alegi iubirea, curgerea devine mai blândă. Dacă alegi frica, apar obstacole și învățăminte mai dure. Dar oceanul rămâne același: întoarcerea la sursa divină.

Destin personal și destin colectiv

Există momente în care alegerile individuale sunt mai puțin vizibile, pentru că intri într-un destin colectiv. Un exemplu sunt războaiele, pandemiile sau marile schimbări sociale. Atunci, sufletul nu trăiește doar propria sa lecție, ci și lecția unei întregi comunități, națiuni sau chiar a omenirii. Însă chiar și acolo, în mijlocul furtunii colective, fiecare are libertatea de a alege cum să răspundă: cu frică sau cu iubire, cu disperare sau cu înțelepciune.

Rolul sincronicităților

Când ești pe drumul tău autentic, viața îți trimite semne. Întâlnești oameni la momentul potrivit, apar oportunități neașteptate, iar obstacolele se transformă în lecții. Aceste sincronicități nu sunt întâmplări. Ele sunt „mesaje" prin care câmpul universal îți arată că ești în aliniere cu destinul tău.

Dar atunci când simți că totul se blochează, că nimic nu merge, că te împiedici la fiecare pas, poate fi un semn că sufletul îți cere o schimbare. Nu ca pedeapsă, ci ca invitație la o nouă alegere.

Vindecarea prin iertare și bucurie

Aceste rânduri sunt pentru tine, dragă suflet, ca o mângâiere și o chemare. Oricare ar fi durerea prin care ai trecut, oricât de adânci ar fi fost rănile, vreau să știi un lucru esențial: vindecarea este posibilă.

Nu există rană pe care iubirea să nu o poată atinge. Nu există durere care să nu poată fi transformată prin iertare. Iertarea nu înseamnă că acțiunile celuilalt au fost corecte. Nu înseamnă că uiți. Ci înseamnă că alegi să nu mai porți povara în inima ta. Înseamnă că te eliberezi, nu pentru celălalt, ci pentru tine.

Fiecare clipă în care ierți este o clipă în care sufletul tău respiră din nou. Și când iertarea se așează în tine, începe să răsară bucuria. Bucuria nu vine dintr-o viață perfectă, ci dintr-o inimă care a ales să fie recunoscătoare chiar și pentru imperfecțiune.

Crește volumul bucuriei în viața ta. Lasă-ți zâmbetul să fie o binecuvântare tăcută. Lasă-ți energia să inspire. Pentru că atunci când tu te vindeci, devii un far pentru ceilalți.

Reflecţie:

Nu te întreba doar „Care este viitorul meu?", ci „Ce aleg să creez chiar acum?" Pentru că viitorul nu este scris în piatră. El este sculptat în fiecare clipă, prin gândurile, emoţiile şi faptele tale.

Libertatea de a rescrie povestea

Adevărata libertate nu înseamnă a face orice îţi doreşti, ci a te elibera de scenariile vechi şi a scrie o poveste nouă, mai aliniată cu cine eşti cu adevărat. Mintea umană este adesea o închisoare, bazată pe credinţe limitative şi frici acumulate. "Eu nu sunt suficient de bun," "Nu merit iubirea," "Nu pot să reuşesc" — aceste tipare de gândire, deseori moştenite sau formate în urma unor experienţe traumatice, creează un viitor predeterminat, un destin al eşecului sau al nefericirii. Dar, după cum am văzut, aceste tipare nu sunt realitatea ta supremă. Ele sunt doar o ramură pe care sufletul tău a ales să o exploreze, cu posibilitatea de a o părăsi oricând. Momentul de "trezire" se produce atunci când devii conştient de aceste tipare. Când le observi fără judecată, ca pe nişte vechi obiceiuri ale minţii, le poţi elibera. În acel spaţiu al conştienţei, apare puterea de a alege un nou gând, o nouă emoţie, o nouă acţiune. Aceasta este, de fapt, magia co-creaţiei. Nu mai eşti o victimă a circumstanţelor, ci un arhitect al realităţii tale. Alegerea de a te ierta pe tine însuţi pentru greşelile trecutului, de a te elibera de resentimente şi de a îmbrăţişa bucuria este un act de sculptare a unui nou viitor. Este ca şi cum ai re-sincroniza frecvenţa sufletului tău cu vibraţia iubirii şi a abundenţei.

Rolul corpului în procesul de creare

Nu trebuie să uităm că spiritul şi corpul fizic sunt interconectate. Viitorul nu este creat doar prin gânduri şi intenţii, ci şi prin energia pe care o emani cu tot corpul tău. Când eşti plin de frică sau stres, corpul tău se încordează, inima se închide și emani o energie de contracție. Această energie atrage în viața ta experiențe de contracție. În schimb, atunci când ești relaxat, plin de recunoștință și iubire, corpul tău se deschide, inima vibrează și emani o energie de expansiune. Această energie deschide ușile către noi posibilități, atrage oameni și oportunități aliniate cu dorințele sufletului tău. De aceea, a-ți îngriji corpul prin mișcare, nutriție conștientă și ascultare a nevoilor sale. Este un act spiritual de mare importanță. E un mod de a onora templul în care Spiritul tău locuiește și prin care se manifestă în această lume.

De la intenție la manifestare

Viitorul nu apare dintr-o singură intenție, ci din repetarea și susținerea unei stări de a fi. Dacă îți dorești o viață plină de bucurie, nu este suficient să te gândești o singură dată la bucurie. Este necesar să cultivi bucuria ca pe o plantă, în fiecare zi. Poți începe cu gesturi simple: un zâmbet sincer, o plimbare în natură, o clipă de recunoștință pentru lucrurile mici. Aceste acțiuni, aparent banale, creează noi tipare neurologice și energetice, care, în timp, construiesc o nouă realitate. Sufletul tău știe deja calea. Acum, mintea ta trebuie să devină un aliat, nu un obstacol. Mintea ta are rolul de a traduce dorințele sufletului în acțiuni concrete, de a planifica, de a găsi soluții, dar nu de a bloca procesul cu fricile și îndoielile ei. Atunci când mintea și inima lucrează împreună, se creează o forță de manifestare incredibilă.

Păzește-ți energia!

În această călătorie, este vital să îți protejezi energia. Nu-ți lăsa bucuria să depindă de alții și nu te hrăni cu drama și negativitatea din jur. Alege cu înțelepciune oamenii, locurile și informațiile cu care te înconjuri. Ești o ființă radiantă, iar energia ta este un far. Păstrează-l curat și strălucitor, astfel încât să poți naviga cu încredere pe valurile vieții. Amintește-ți, fiecare clipă este un nou punct de plecare. Nu contează ce a fost, ci ce alegi să fie. Ce pas mic poți face azi pentru a te elibera de o povară veche și a face loc bucuriei?

Concluzie

Viitorul nu este un verdict, ci un dialog viu între sufletul tău și viață. Câmpul posibilităților se deschide în fața ta cu fiecare respirație, iar alegerile, stările și intențiile tale îi dau formă. Când privești existența ca pe o spirală, în locul unei linii fixe, capătă sens atât încercarea, cât și harul: înveți, te ridici, te rafinezi. Iar sincronicitățile devin semnele discrete că te apropii de trunchiul destinului tău autentic.

Alege să cultivi stări care te înalță – recunoștință, blândețe, claritate – și ele vor atrage contexte pe măsura lor. Iertarea îți ușurează pașii, iar bucuria îți luminează drumul. Corpul, ascultat cu respect, devine ancoră pentru o conștiință trează; mintea, liniștită, devine instrumentul inimii. Când aceste dimensiuni lucrează împreună, treci de la „a spera" la „a crea".

Nu poți controla toate ramurile copacului vieții, dar poți alege pe care să pășești astăzi. Poți lăsa în urmă scenarii vechi și poți scrie, clipă de clipă, o poveste mai adevărată pentru tine. În acest act de co-creație, nu ești niciodată singur: câmpul universal îți răspunde cu semne, întâlniri, idei. Deschide-te, rămâi curios, rămâi prezent. Așa devine viitorul – nu o teamă proiectată, ci o promisiune vie a inimii tale în acțiune.

Întrebări pentru reflecție

1. Ce stare doresc să cultiv zilnic (recunoștință, curaj, bucurie, claritate) pentru a-mi alinia viitorul cu adevărul inimii mele?
2. Care este ramura din „copacul vieții" pe care aleg conștient să pășesc acum și ce mică acțiune o confirmă astăzi?

Pagina pentru notițe

Capitolul 4

Amintiri din vieți anterioare

Fragmente din alte timpuri, trăite în tăcerea sufletului.

Îmi amintesc o viață în care mă aflam pe Pământ... dar nu Pământul pe care îl cunoaștem astăzi. Era o lume vastă, acoperită de păduri pline de ciuperci uriașe, înalte cât copacii. Lumina era blândă, difuză, iar aerul vibra de liniște. Eram adolescent, împreună cu alții ca mine – ființe tinere, pure, alergând prin acea lume ca și cum visam cu ochii deschiși. Nu aveam nevoie de hrană, nici de cuvinte. Noaptea dormeam sub ceruri adânci, dar nici oboseala, nici suferința nu le simțeam. Totul era perfect. Era o viață fără frică și lipsuri, un timp de inocență care ne aducea aminte de ceea ce înseamnă să trăiești în armonie cu totul.

Într-o altă existență, am trăit într-o lume în care dualitatea bine–rău nu era suficientă pentru a descrie realitatea. Acolo, gândurile și acțiunile nu erau clasificate doar în bine sau rău, erau în cel puțin șapte nuanțe intermediare. Fiecare alegere trecea printr-un proces subtil de înțelegere, iar conștiința noastră era antrenată să simtă subtilitățile fiecărei intenții. Era o lume a discernământului extins, în care adevărul nu era simplificat, ci onorat în toată complexitatea lui.

Nu eram singur. Eram mai mulți – poate câteva zeci – fiecare cu o vibrație unică, fiecare purtând în el o sferă de cunoaștere. Ne aflam într-o altă dimensiune, dincolo de timp, acolo unde gândul devine realitate și materia se supune voinței inimii. Acolo am înțeles pentru prima oară că nu există decizie „bună" sau „rea", ci doar experiențe care îți deschid sau îți închid inima.

Într-o altă viață, mi-am asumat rolul de creator. Am adus la viață ființe asemănătoare oamenilor – ceea ce mai târziu au fost numiți „atlanți". Am făcut o alegere: să nu le spun cine sunt cu adevărat. Am coborât printre ei și am trăit ca unul de-al lor. Nu din ascundere, ci din iubire – pentru a-i înțelege, pentru a le fi aproape. Am descoperit atunci că adevărata autoritate nu vine din a fi venerat, ci din a fi prezent și a iubi necondiționat.

În acea existență, corpul nu era o limitare. Nu simțeam frigul sau căldura, foamea sau setea – decât dacă alegeam să le experimentez. Trupul nu îmbătrânea. Nu aveam nevoie de somn. Totul era creat prin gând – o intenție clară era suficientă pentru a da formă lumii din jur. Era o existență în care materia se supunea conștiinței, iar conștiința era liberă de suferință.

Toate aceste amintiri trăiesc în mine nu ca povești, ci ca realități paralele care își revarsă ecourile în prezent. Nu le scriu pentru a impresiona, ci pentru a împărtăși. Poate că și tu, cititorule, ai avut un vis straniu, o senzație de „deja-vu", o emoție fără cauză logică. Poate nu e fantezie. Poate este sufletul tău, amintindu-și...

Reflecție:

Dacă nu ești la prima ta viață... ce a venit în tine să-și amintească, acum?

Atlantida și prăbușirea ei

Îmi amintesc o viață trăită în ceea ce oamenii aveau să numească mai târziu Atlantida. Nu era doar un loc, ci un spațiu sacru – o insulă creată prin intenție, în mijlocul oceanului, unde noi, cei retrași din rândul oamenilor, am dorit să construim o civilizație a păcii și cunoașterii.

Am ajuns acolo împreună cu cei pe care îi numeam atlanți – ființe înalte, lucide, capabile să modeleze realitatea prin puterea gândului. Fiecare și-a ales un loc unde să trăiască, în armonie cu natura și cu legile subtile ale creației. Timpul curgea altfel. Nu exista durere, lipsă sau suferință. Societatea noastră era bazată pe echilibru, comuniune și cunoaștere spirituală profundă.

Dar, ca în toate poveștile sufletului, a apărut tentația. După mult timp de armonie, în unii dintre atlanți s-a trezit dorința de putere. S-au format două tabere: cei care voiau să conducă și cei care se opuneau oricărei forme de dominare. Fractura nu a fost doar socială, ci vibrațională. Ceea ce fusese un câmp unitar, s-a fisurat.

Conflictele au crescut. În furia lor, atlanții au început să folosească puterea minții nu pentru a crea, ci pentru a controla. Au manipulat materia, ridicând valuri de pământ și aruncându-le unii asupra celorlalți. Ceea ce fusese sacru a devenit instabil. Iar insula… a început să se scufunde.

Când am văzut dezastrul, am zburat deasupra apelor, ghidat nu de frică, ci de o chemare interioară. Atlanții din apropierea mea, văzându-mă, și-au amintit și ei că pot zbura. Au fost puțini cei care și-au reactivat această conștiință. Cei care nu și-au regăsit puterea interioară au fost înghițiți de valuri – nu ca pedeapsă, ci ca lecție pentru alte vieți viitoare.

Cu cei care au supraviețuit, am ajuns pe un nou teritoriu. Pământul acela avea să fie cunoscut mai târziu ca Egipt. Acolo, am început din nou. Într-o formă mai limitată, dar cu aceeași dorință de a păstra vie înțelepciunea veche. În locul unde astăzi se ridică piramidele din Giza, am plantat semințele unei alte civilizații – una care, deși pierdută în timp, încă poartă ecoul Atlantidei.

Reflecție:

Ce rămâne dintr-o civilizație când cade? Forma dispare, dar amintirea rămâne în suflet. Ce parte din tine poartă o asemenea amintire?

Construcția piramidelor

După ce ne-am stabilit în tărâmul care astăzi este cunoscut ca Egipt, i-am întrebat pe atlanții care călătoriseră cu mine dacă simt chemarea de a construi ceva împreună. Toți au fost de acord. Le-am proiectat în minte imaginea clară a unei structuri – o formă sacră, universală: piramida.

Pentru a păstra taina originii, am creat blocurile de piatră astfel încât să pară tăiate manual, modelate în același stil cu cele găsite în carierele naturale. Ne-am dorit ca oamenii viitorului să nu poată înțelege pe deplin cum au fost realizate. Doar cei cu vedere interioară activă ar putea simți adevărul.

Am ridicat trei piramide, fiecare aliniată cu exactitate la constelații, într-o corelație tainică între cer și pământ. Piramida Mare a fost placată cu pietre deschise la culoare, lucind sub soare asemenea unui far de lumină.

În inima Marii Piramide am creat o cameră ascunsă, unde am așezat un cristal rombic. Acesta radiază o lumină albă și pură, rămânând suspendat în aer – neatins de nimic, plutind între lumi. Pentru a preveni activarea sa prematură, am modificat ușor orientarea piramidei față de nordul magnetic.

Am folosit și tehnologii avansate – ceea ce azi ar putea fi numit mașinării. Însă ele nu aveau motoare sau combustibil. Se mișcau prin comandă mentală, fiind extinderi ale conștiinței noastre. Aceste mașinării aveau furci în partea din față cu care puteau prinde pietrele. Cu aceste mecanisme am ridicat cele două piramide mai mici, apoi mașinăriile le-am ascuns în pământ, unde încă dorm.

În apropierea piramidei, mi-am construit o locuință – o casă cu etaj, creată prin puterea gândului. Pietrele folosite aveau aceeași esență vibrațională ca și piramida: puritate, echilibru, claritate. Le-am modelat și așezat una peste alta cu puterea gândului, lăsând în ziduri deschideri în formă de ferestre și uși – fără rame, fără panouri. Era o casă a luminii.

La etaj, în partea dreaptă după scări, am creat un cristal cu fețe triunghiulare. Cu timpul, a luat forma unui romb perfect – asemenea diamantelor şlefuite din zilele noastre. Se asemăna cu două piramide cu bazele unite. Avea peste un metru în înălțime şi vibra cu o frecvență înaltă.

Am amenajat o cameră mare şi, în spatele ei, o încăpere secretă. Singura intrare era o uşă groasă, culisantă, parte integrată din peretele de piatră. În fața acestei camere am aşezat aproape zece mese înalte, cu partea superioară înclinată. Dacă patru sau cinci dintre ele erau atinse într-o anumită ordine – începând cu cea de-a doua – uşa se deschidea. Codul începea cu a doua masă.

În interior, am amplasat mai multe cristale – patru sau cinci, fiecare diferit. Unele colorate, iar unul alb. Acel cristal alb era luminos, emitea o vibrație eternă. Energia din acea cameră era atât de puternică, încât un om obişnuit nu ar fi putut rezista acolo mult timp. Cristalele emanau lumină individuală, fiecare în culoarea specifică vibrației sale.

Înainte de a pleca, am modelat şi Sfinxul – un gardian tăcut, lăsat intenționat neterminat. La urechea sa dreaptă am aşezat o piatră cu rol simbolic. I-am lăsat un mesaj celor care vor veni:

Când acea piatră va cădea fără atingerea unei fiinţe, piramida se va activa. Iar valul de energie care se va elibera va cuprinde întreaga planetă, trezind umanitatea la o nouă conştiinţă.

Despărţirea de atlanţi

Înainte de plecare, am simțit că este timpul să încheiem o etapă. M-am întors către atlanți și i-am întrebat, cu iubire şi respect, cine ar dori să rămână în Marea Piramidă pentru a veghea asupra cristalului – acea inimă radiantă care urma să rămână tăcută, dar vie, până când omenirea va fi pregătită să o înțeleagă.

Unul dintre ei s-a oferit fără ezitare. A rămas acolo, nu ca paznic, ci ca ființă conştientă, în stare de veghe profundă, pentru a menține echilibrul și protecția spațiului sacru. Celorlalți le-am spus să-și ascundă casele în pământ, prin aceeași putere cu care le-au creat. Astfel, locuințele s-au retras în tăcerea solului, devenind invizibile privirii exterioare, dar păstrându-și vibrația neatinsă.

Cu un grup restrâns de atlanți, am pornit apoi spre un alt loc al Pământului. Acolo, am construit o piramidă în trepte – un simbol al ascensiunii interioare, o amintire pentru sufletele viitorului că drumul spre lumină se face pas cu pas. Alte structuri asemănătoare au fost create apoi, în diverse colțuri ale planetei și chiar pe alte lumi, acolo unde viața permitea conștiinței să se exprime liber.

Totul era pregătit pentru un ultim pas.

Într-un act comun de renunțare și transcendere, am lăsat în urmă trupurile noastre – le-am lăsat în apă, purtate de liniște. Apoi am zburat în astral, eliberându-ne de densitatea materiei, pentru a continua călătoria dincolo de forme, dincolo de timp, dincolo de ceea ce ochiul poate vedea.

Nu a fost o moarte. A fost o reîntoarcere.

Un pas în marea respirație a Universului.

Adevăruri ascunse

Piramidele nu au fost rodul unei singure epoci sau civilizații. Ele au fost ridicate și reconstruite de mai multe ori, de ființe din civilizații variate, fiecare lăsând o parte din misterul său în piatră. Uneori am fost constructori liberi, alteori am fost forțați să lucrăm ca uriași în slujba altora. Dar legea echilibrului a întors roata: cei care ne-au supus au devenit supuși în alte vieți, iar împreună am continuat ciclul creației.

Lângă Sfinx, am lăsat un mesaj gravat: „*Noi am fost aici de la început.*" Nu pentru putere, ci ca o amintire a continuității sufletului.

Secretele păstrate în marile biblioteci, chiar și la Vatican, nu sunt decât umbre palide ale adevărului. Adevărata cunoaștere nu a fost scrisă, ci păstrată în inimile celor pregătiți să o trăiască.

Concluzie

Adevărurile profunde nu se găsesc în cărți, ci în tăcerea inimii. Piramidele nu sunt doar monumente ale trecutului – ele sunt amintiri ale spiritului, simboluri ale călătoriei noastre prin veacuri, prin uitare și regăsire.

Fiecare dintre noi este un fir din țesătura divină a creației. Fiecare viață, fiecare formă, fiecare lecție trăită în durere sau bucurie ne poartă mai aproape de reamintirea a ceea ce am fost mereu: iubire pură, conștiință unificată.

Când vom învăța să ne privim unii pe alții cu ochii sufletului, fără frică, fără comparație, fără judecată – atunci se va deschide din nou poarta către marile mistere.

Nu ca un privilegiu, ci ca o reîntoarcere acasă.

Extinderea concluziei

Tot ceea ce am descris aici nu este doar o poveste a trecutului, ci și o chemare pentru prezent. Amintirile sufletului nu se revarsă în noi pentru a ne agăța de ele, ci pentru a ne reaminti cine suntem și ce putere purtăm. Piramidele, Atlantida, civilizațiile dispărute – toate sunt oglinzi ale propriei noastre călătorii interioare. Ele ne învață că orice cădere ascunde în ea semințele unei renașteri și că nimic nu este pierdut cu adevărat, ci doar transformat.

Astăzi, omenirea se află într-un nou prag. La fel ca Atlantida, trăim o tensiune între lumină și umbră, între iubire și dorința de control. Alegerea ne aparține: putem repeta greșelile trecutului sau putem deschide calea spre o civilizație bazată pe conștiință și compasiune. Poarta nu este în afară, ci înăuntrul nostru. Când fiecare om își aduce aminte de propria lui lumină, lumea întreagă se schimbă.

Concluzia acestor amintiri este simplă și totodată profundă: puterea spiritului este mai mare decât orice forță a materiei. Piatra, apa, focul sau aerul ascultă de conștiința trează.

Întrebări pentru reflecție

1. Ce amintire, vis sau senzație inexplicabilă îți spune sufletul că nu e doar o fantezie, ci o chemare spre reamintire?
2. Cum poți aduce în viața ta de zi cu zi mai multă conștiință și iubire, pentru a onora lecțiile trecutului și a crea un viitor mai luminos?

Pagina pentru notițe

Capitolul 5

Întâlniri dincolo de văl

Amintiri ale sufletului

Îmi amintesc un timp în care trupul meu nu mai era o povară. Nu mai aveam nevoie de hrană, de somn, de aer. Eram conștiință pură, mișcându-mă liber prin spații de lumină, într-o dimensiune în care nu existau granițe sau distanțe. Nu mergeam, nu alergam – ci pur și simplu eram acolo unde voiam să fiu.

În acel plan subtil, întâlneam alte suflete. Nu aveam nevoie de cuvinte. Comunicarea se făcea prin vibrație, prin emoție, prin fluxul direct al gândului. Ceea ce în lumea materială ar dura ore de discuții, acolo se transmitea într-o clipă, ca o revărsare de înțelegeri.

Am întâlnit ființe pe care nu le-am cunoscut niciodată în trup omenesc, dar pe care sufletul le recunoștea imediat. Era ca și cum ne regăseam după o călătorie lungă, ca și cum ne așteptam dintotdeauna. Întâlnirile acestea nu erau întâmplătoare – erau părți din mine, din familia mea sufletească, venite să-mi amintească de ceea ce am fost și de ceea ce voi fi.

Când priveam aceste suflete, vedeam în jurul lor sfere de lumină, culori care se schimbau odată cu gândurile lor. Unele străluceau într-un albastru senin, altele radiau auriu sau verde smarald. Fiecare culoare era o poveste, o lecție, o vibrație unică.

Călătorii astrale

Într-o călătorie, am ajuns într-un loc de lumină albă, fără început și fără sfârșit. În fața mea, se afla o sală vastă, ca o bibliotecă, dar fără cărți fizice. Era Câmpul Akashic. Acolo am văzut frânturi din viețile mele, dar și din viețile altora. Totul era conectat. Fiecare suflet lăsa o urmă, o vibrație, un cântec în această imensitate.

Am înțeles atunci că nu suntem niciodată separați. Că trecutul, prezentul și viitorul există simultan și se hrănesc reciproc.

Întâlnirea cu maeștri de lumină

În una dintre aceste experiențe, am întâlnit ființe pe care le-aș putea numi maeștri. Nu arătau ca oamenii, dar emanau o prezență copleșitoare de iubire și înțelepciune. Nu mi-au vorbit în cuvinte, ci în vibrații. Mesajul era simplu și direct:

„*Tu ești ceea ce cauți. Nu există separare. Tot ceea ce vezi este reflexia ta.*"

Am simțit atunci cum zidurile ego-ului se prăbușesc în mine. Orice judecată, orice frică, orice dorință de a controla a dispărut. Rămânea doar un adevăr limpede: suntem Unul, iar viața este doar un joc al conștiinței care se descoperă pe sine.

Lecția iubirii necondiționate

Din toate întâlnirile și călătoriile mele, cea mai puternică lecție a fost iubirea necondiționată. Nu iubirea care cere, nu iubirea care se teme, ci iubirea care doar este. Ea nu judecă, nu compară, nu se oprește. Ea se revarsă asemenea unei fântâni nesfârșite.

Am înțeles că atunci când un om rănește pe altul, nu o face pentru că este rău, ci pentru că a uitat cine este. Este un suflet rătăcit, prins în frică, în ego, în durere. Și singurul răspuns adevărat la această uitare este iubirea.

Iubirea nu schimbă doar pe celălalt, ci mai ales pe tine. Te vindecă din interior, te aduce înapoi acasă.

Reflecție pentru tine

Poate și tu ai simțit vreodată că ai fost vizitat în vis de cineva drag care nu mai este. Poate ai avut senzația că cineva te veghează dincolo de vălul lumii. Nu este iluzie. Este realitatea mai mare, pe care mintea nu o poate explica, dar pe care sufletul o recunoaște imediat.

Întreabă-te:

– Cine m-a vizitat în vis și ce mesaj mi-a adus?

– Ce emoții simt atunci când sunt singur, dar parcă cineva mă însoțește?

– Sunt dispus să cred că iubirea nu moare niciodată, ci se transformă?

Concluzie

Capitolul acesta nu este o pledoarie pentru viața de după moarte, ci o amintire: viața nu are moarte. Doar formele se schimbă, dar esența rămâne.

Sufletul este veșnic. Iubirea este veșnică. Întâlnirile noastre sunt veșnice.

Ceea ce pare sfârșit, este doar o nouă poartă. Ceea ce pare pierdere, este doar o reîntâlnire pregătită pentru alt timp.

Și astfel, adevărata întrebare nu este dacă vom supraviețui morții – ci dacă vom reuși să iubim suficient de mult în viață, pentru ca atunci când vălul se ridică, să recunoaștem că tot ceea ce am căutat a fost mereu în noi.

Misiunea pe Pământ: a fi un far

Dincolo de toate aceste călătorii și reamintiri, există o întrebare esențială: de ce am ales să ne întoarcem în această dimensiune a densității, a iluziei și a suferinței? De ce am ales un trup care se îmbolnăvește, o minte care uită și un văl al separării care pare atât de real? Fiecare suflet a venit aici cu o misiune, o chemare unică, iar această misiune nu este despre a face fapte eroice sau a schimba lumea la nivel global.

Misiunea este de a fi. De a-ți aminti cine ești chiar aici, în mijlocul haosului, și de a-ți lăsa lumina să strălucească.

Sufletul tău a venit pentru a experimenta frica și a alege iubirea. A venit pentru a simți rănile și a le vindeca prin iertare. A venit pentru a-și aminti că ești un creator, nu o victimă. Când trăiești autentic, în aliniere cu adevărul tău interior, devii, fără să depui efort, un far pentru ceilalți.

Limbajul simbolurilor și al sinelui profund

Universul îți vorbește în permanență, dar nu în cuvinte simple. Folosește limbajul semnelor, al viselor, al sincronicităților. Un cântec pe care-l auzi la radio exact în momentul potrivit, o carte care-ți cade în mână ca din întâmplare, un animal care îți traversează calea – toate acestea sunt, de fapt, mesaje codificate.

Ele sunt indicii subtile că ești pe drumul cel bun sau că trebuie să-ți recalibrezi direcția. A fi conștient de aceste semne înseamnă a trăi într-un dialog permanent cu Spiritul Universal, cu acea Inteligență Infinită care orchestrează totul.

Rolul rănilor și al suferinței

Nu există un drum spiritual perfect, lipsit de durere. Dimpotrivă, suferința este adesea cel mai bun profesor al nostru. Este catalizatorul care ne forțează să privim în interior, să ne confruntăm cu temerile și să ne eliberăm de iluzii.

Multe dintre rănile pe care le purtăm au fost create chiar de noi în alte vieți, din alegeri inconștiente. Dar acum, în această viață, avem ocazia să le privim, să le acceptăm și să le vindecăm.

A vindeca o rană a sufletului nu înseamnă a o șterge, ci a o transforma într-o sursă de înțelepciune și compasiune. Din cel mai întunecat loc, poate răsări cea mai pură lumină.

Reamintirea și practica prezenței

Amintirea vieților anterioare și a întâlnirilor dincolo de văl nu este un moft, ci un proces natural. Dar, mai important decât a-ți reaminti trecutul, este a trăi pe deplin în prezent.

Prezentul este singurul moment în care poți alege, poți iubi, poți crea. A te ancora în clipa de acum înseamnă a te conecta cu esența ta.

Când ești prezent, mintea se liniștește, iar vocea subtilă a sufletului devine mai ușor de auzit. Aceasta este, în esență, cea mai simplă și cea mai profundă formă de spiritualitate.

Fiecare răsuflare este o reîntoarcere la sursă, o ocazie de a te reconecta cu adevărul că ești o particulă de divinitate.

O invitație la un nou început

Nu contează ce s-a întâmplat ieri sau în viețile trecute. Ceea ce contează este ce alegi să faci acum.

Alege să te ierți. Alege să iubești, fără frică. Alege să fii tu însuți.

Calea ta este unică, iar destinul tău este o capodoperă pe care o creezi cu fiecare alegere conștientă.

Concluzie extinsă

Întâlnirile dincolo de văl ne arată că realitatea este mult mai vastă decât ceea ce percepem prin simțurile fizice. Ele ne amintesc că viața nu începe la naștere și nu se termină la moarte, ci este un fir nesfârșit care trece prin nenumărate forme și experiențe.

Adevărata putere a acestor amintiri nu este în spectaculozitatea lor, ci în lecția simplă pe care o aduc: iubirea și prezența sunt cheia. Când învățăm să fim prezenți și să iubim fără condiții, ne aliniem la curgerea universului.

Sufletul nu caută titluri, victorii sau glorii. Caută să experimenteze, să crească și să se întoarcă mereu la sursa din care provine. De aceea, fiecare întâlnire, fiecare suferință, fiecare bucurie sunt trepte pe aceeași scară a reamintirii.

Iubirea necondiționată este cel mai înalt adevăr. Nu e nevoie să aștepți moartea pentru a o simți. O poți trăi aici și acum, în modul în care privești, în felul în care atingi, în cuvintele pe care le rostești și în tăcerile pe care le păstrezi.

Dacă vei alege să trăiești în acest fel, nu vei mai avea teamă de sfârșit. Vei ști că fiecare clipă este, de fapt, o poartă către eternitate.

Întrebări pentru reflecție

1. Cum s-ar schimba viața mea dacă aș privi fiecare persoană întâlnită ca pe un suflet veșnic, nu doar ca pe un trup trecător?
2. Ce semne sau sincronicități îmi arată, chiar acum, că sunt însoțit și ghidat dincolo de văl?

PAGINA PENTRU NOTIȚE

Capitolul 6

Amintiri ale Puterii și Lecția Iubirii

Puterea văzută dinăuntru

Am fost acolo unde puterea se împărțea în șoaptă, departe de ochii mulțimilor. În săli „întunecate", în jurul unor mese mari, câțiva oameni hotărau destinele a milioane. Nu erau simple decizii politice sau administrative. Erau jocuri de strategie, în care țările erau împărțite asemenea pieselor unui șah cosmic. Cine avea mai mult, comanda. Cine avea mai puțin, era sacrificat fără remușcare.

În acele vremuri, valoarea unui om nu era dată de sufletul său, ci de influența pe care o putea exercita. Acolo am înțeles cât de fragil este echilibrul lumii și cât de ușor se lasă mulțimile conduse de orgoliu, frică și promisiuni.

Dar viața este un cerc perfect. Cel care ridică sabia, mai devreme sau mai târziu, va simți tăișul ei. Cel care ignoră suferința altora va deveni, într-o altă viață, chiar cel care suferă. Și abia atunci lecția puterii este înțeleasă cu adevărat.

Legea echilibrului

Ți s-a dat pâinea și cuțitul? Atunci ți s-a dat și responsabilitatea de a le folosi cu iubire. Dacă alegi să împarți, lumina se întoarce la tine. Dacă alegi să reții doar pentru tine, umbra îți va urma pașii.

Am văzut lideri care trăiau în lux, înconjurați de bogății și de lingușeli, dar care treceau nepăsători pe lângă oameni cu pensii atât de mici încât abia își puteau cumpăra medicamente sau hrana zilnică. Și am știut atunci că acei lideri vor deveni, într-o altă viață, chiar acei oameni uitați. Nu ca pedeapsă, ci ca experiență.

Indiferența este o formă subtilă de cruzime. Uneori, a nu face nimic doare mai mult decât o lovitură directă. Când ai puterea să schimbi ceva și alegi să taci, creezi o rană nu doar în ceilalți, ci și în tine.

Lecția suferinței

Nu există ființă care să scape de această lege. Fiecare dintre noi culege ceea ce seamănă. Și dacă refuzăm să învățăm prin iubire, vom învăța prin suferință. Am trăit asta. Am fost și cel care a hotărât cu nepăsare soarta altora, și cel care a tremurat de frig, neputând să-și plătească o pâine. Am simțit ambele extreme și abia atunci am înțeles că puterea, lipsită de iubire, se transformă inevitabil în durere.

Suferința nu este un blestem, ci un profesor. Te conduce pas cu pas spre o întrebare mai mare: *Ce am făcut, ce am gândit, ce am ales de am ajuns aici?* Și răspunsul, oricât de dureros, devine eliberator.

O viziune din astral

Într-o călătorie astrală, am ajuns într-o sală vastă, scăldată în lumină. În fața mea, se afla o masă de piatră, dreptunghiulară. În jurul ei, trei bărbați înțelepți priveau cu seriozitate, dar și cu iubire. Pe masa aceea vedeam spiritele oamenilor ca pe niște flăcări vii. Fiecare suflet radia exact ceea ce purta în el: iubire sau teamă, lumină sau umbră, compasiune sau mândrie.

Totul era perfect echilibrat. Nicio faptă nu rămânea fără ecou. Dacă dădeai un ordin ca alții să facă răul în locul tău, responsabilitatea rămânea tot a ta. Funcțiile, titlurile, ierarhiile nu contau. Flacăra sufletului arăta exact cine ești.

Am înțeles atunci că nimeni nu poate păcăli această lege. Poți minți oamenii, poți ascunde adevărul de ochii lumii, dar nu poți ascunde vibrația ta reală. Ea este vizibilă dincolo de văl, acolo unde totul este clar și simplu.

Lecția iubirii

În toate aceste experiențe, un singur adevăr s-a ridicat deasupra tuturor: puterea fără iubire distruge, dar puterea cu iubire transformă.

Dacă ai un rol de conducere, nu este pentru a domina, ci pentru a sluji. Dacă ți s-a dat influență, nu este pentru a strânge, ci pentru a împărți. Adevărata măreție nu se măsoară în câți se pleacă în fața ta, ci în câți se ridică prin tine.

Iubirea este singura forță care nu se consumă atunci când o dăruiești. Cu cât dăruiești mai mult, cu atât crești mai mult. Este singura „avere" pe care o iei cu tine dincolo de moarte.

Reflecție pentru suflet

Te-ai întrebat vreodată ce faci cu puterea pe care o ai, oricât de mică ar fi ea? Nu e nevoie să fii parlamentar sau conducător. Fiecare dintre noi are o influență – în familie, la locul de muncă, în comunitate.

Întreabă-te:

– Aleg să fiu nepăsător sau aleg să fiu sprijin?

– Aleg să rănesc sau să ridic?

– Aleg să strâng doar pentru mine sau să împart cu ceilalți?

Concluzie

Amintirile mele despre putere nu sunt povestite pentru a judeca, ci pentru a reaminti. Puterea este un dar, dar și o probă. Dacă o folosești cu egoism, ea se va întoarce împotriva ta. Dacă o folosești cu iubire, ea te va ridica pe tine și pe cei din jur.

Universul nu greșește niciodată. Totul se întoarce, totul se echilibrează. Ceea ce pare acum un avantaj nedrept, mâine devine o lecție dureroasă. Ceea ce pare acum o suferință, mâine devine o binecuvântare ascunsă.

Și în final, singurul lucru care rămâne cu adevărat nu este titlul, funcția sau averea – ci iubirea pe care ai oferit-o.

Mărirea și decăderea iluziei de control

Amintirile despre putere scot la iveală o iluzie fundamentală: aceea a controlului absolut. Cei care dețin puterea cred adesea că pot modela realitatea după bunul plac, ignorând legile universale ale cauzei și efectului.

Adevărata putere nu vine din a avea control asupra altora, ci din a te controla pe tine însuți. Din a-ți stăpâni ego-ul, a-ți gestiona emoțiile și a-ți alinia acțiunile cu inima ta. Această putere interioară este singura care rămâne, chiar și atunci când circumstanțele exterioare se schimbă.

Lecția responsabilității colective

Viziunile din sălile de putere subliniază nu doar responsabilitatea individuală, ci și pe cea colectivă. Societatea este o oglindă a conștiinței fiecăruia dintre noi. Nu poți avea lideri lipsiți de iubire într-o societate plină de iubire.

Atunci când alegi să fii nepăsător la o nedreptate, chiar și una mică, permiți ca această energie să crească. Dar, la fel, când alegi să iubești, să ierți și să te pui în slujba celorlalți, contribui la un câmp colectiv al iubirii. Aceasta este puterea reală: de a schimba lumea prin propria ta transformare interioară.

De la ciclul karmic la ciclul conștiinței

Legea echilibrului nu este o condamnare, ci o invitație la trezire. Sufletul nu este pus în situații dificile pentru a fi pedepsit, ci pentru a avea ocazia de a alege conștient, de data aceasta, o altă cale.

Astfel, ciclul karmic al acțiunii și reacției se transformă într-un ciclu al conștiinței, al evoluției și al înțelegerii.

O invitație la un nou mod de a fi

Nu te întreba cum să deții puterea, ci cum să o folosești. Nu-ți dori să fii respectat, ci să fii un model de iubire. Nu-ți căuta validarea în afara ta, ci în echilibrul și pacea pe care le simți în interior.

Acesta este adevăratul triumf al spiritului.

Concluzie extinsă

Puterea este un foc sacru. Poate lumina calea pentru mulți sau poate arde totul în jur, depinde cum alegi să o folosești. Lecțiile trecutului, fie ele personale sau colective, arată clar că fiecare act de nepăsare, de egoism sau de cruzime se întoarce la cel care le-a semănat. Dar, la fel, fiecare gest de iubire, oricât de mic, aduce lumină care se multiplică la infinit.

Sufletul vine pe Pământ nu pentru a cuceri, ci pentru a învăța. Puterea exterioară este doar o scenă trecătoare; puterea interioară, născută din iubire și înțelepciune, rămâne cu tine dincolo de vieți.

Fiecare dintre noi deține o formă de putere – asupra cuvintelor, a gândurilor, a faptelor noastre. Și fiecare alegere devine o sămânță care va înflori într-o zi. De aceea, merită să ne întrebăm mereu: ce plantez astăzi în grădina sufletului meu și a lumii?

Adevărata măreție nu înseamnă să fii deasupra altora, ci să-i ridici pe ceilalți alături de tine. În acest fel, puterea devine iubire, iar iubirea devine eternitate.

Întrebări pentru reflecție

1. Cum folosesc eu, în prezent, puterea mea interioară – pentru a controla sau pentru a vindeca?
2. Ce aleg să transmit mai departe: frică și indiferență sau iubire și compasiune?

Pagina pentru notițe

Capitolul 7

Viețile ciclice – Cercurile existenței

Cercul vieții

Viața nu este o linie dreaptă cu un început și un sfârșit definitiv. Viața este un cerc care se reia mereu și mereu, sub alte forme, în alte trupuri, în alte circumstanțe. Așa cum primăvara revine după fiecare iarnă, la fel sufletul renaște după fiecare moarte.

Nu trăim doar o singură existență, ci sute, poate mii. Fiecare viață este o nouă șansă de a învăța lecțiile pe care le-am amânat, de a vindeca rănile pe care le-am lăsat deschise, de a împlini promisiunile pe care le-am făcut. Nimic nu se pierde, totul este păstrat în țesătura invizibilă a spiritului.

Ceea ce pare întâmplare este adesea doar ecoul unei acțiuni trecute. Poate ai întâlnit pe cineva și ai simțit imediat apropiere sau respingere, fără să știi de ce. Poate ai trăit o situație care părea cunoscută, ca un déjà-vu. Nu sunt coincidențe. Sunt amintiri ale sufletului care ies la suprafață.

Legea întoarcerii

În univers nimic nu rămâne neplătit. Tot ceea ce facem, spunem sau gândim este o sămânță. Și fiecare sămânță rodește, mai devreme sau mai târziu. Dacă semeni iubire, vei culege iubire. Dacă semeni ură, vei culege ură. Dacă ridici pe cineva, vei fi și tu ridicat. Dacă rănești, vei simți și tu durerea pe propria piele.

Această lege nu este o pedeapsă. Este o balanță universală, un mecanism perfect al existenței. Universul nu pedepsește și nu răsplătește în sens omenesc. El doar echilibrează. Tot ceea ce emiți se întoarce la tine pentru ca tu să înțelegi.

Poți fugi de oameni, poți ascunde faptele tale, dar nu poți fugi de propria vibrație. Ea te însoțește peste tot, în această viață și în cele ce vor urma.

Lecțiile compasiunii

De ce avem nevoie de atât de multe vieți? Pentru că sufletul are nevoie să învețe compasiunea. Și compasiunea nu se învață din teorie, ci din experiență directă.

Într-o viață ești bogat, în alta sărac. Într-una comanzi, în alta asculți. Într-una ești cel care iubește, în alta ești cel care respinge. Astfel, sufletul trăiește toate rolurile, până când înțelege că nu există separare reală între „eu" și „celălalt".

Compasiunea înseamnă să simți durerea altuia ca și cum ar fi a ta. Și pentru a ajunge acolo, trebuie să fi fost și călău, și victimă, și stăpân, și slujitor. Treptat, sufletul devine mai blând, mai înțelept, mai atent.

Iluzia puterii

Mulți se lasă amăgiți de putere. Cred că bogăția, funcția sau prestigiul îi fac invincibili. Își permit să abuzeze, să umilească, să creadă că sunt superiori. Dar puterea exterioară este doar un împrumut temporar.

Astăzi eşti sus, mâine jos. Astăzi eşti cel care decide, mâine vei fi cel care se supune. Roata vieţii se învârte mereu. Nimeni nu scapă. Şi atunci când vei simţi pe propria piele exact ceea ce ai provocat altora, vei înţelege că adevărata putere nu se află în control, ci în iubire.

Tot ce este clădit pe dominare se prăbuşeşte. Tot ce este clădit pe iubire rămâne.

Umbra ego-ului

Ego-ul este cel mai mare obstacol în calea trezirii. El şopteşte mereu: „Tu eşti mai bun. Tu meriţi mai mult. Tu trebuie să fii primul." Dar adevărul este altul: ceea ce faci altuia, îţi faci ţie.

Ego-ul creează iluzia separării. Şi atunci când trăim în această iluzie, ne agăţăm de comparaţii, de competiţii, de judecăţi. Dar fiecare mască pe care o purtăm se va topi, mai devreme sau mai târziu, în faţa legii întoarcerii.

Atunci vom înţelege că nu există „ceilalţi". Există doar oglinzi ale propriei noastre conştiinţe.

Misterele de dincolo de noi

Oamenii caută mistere în stele, în planete, în civilizaţii dispărute. Dar cel mai mare mister este chiar sufletul tău. Cine ai fost acum 500 de ani? Ce rol ai jucat acum 1000? Unde vei fi peste alte vieţi?

Dacă nu ştii aceste lucruri, atunci nu ştii nici de unde vii, nici încotro mergi.

Adevărata cunoaştere începe cu întrebarea: Cine sunt eu, dincolo de acest trup şi de acest timp?

Chemarea la trezire

Astăzi omenirea este chemată să-și amintească mai repede. Nu mai avem nevoie de sute de vieți pentru a înțelege lecții simple. Avem acum ocazia să învățăm prin conștiență, prin reflecție, prin iubire.

Ceea ce altădată se învăța prin suferințe repetate, acum poate fi înțeles printr-o singură alegere: alegerea de a nu mai răni. Alegerea de a vedea în ceilalți chipul propriei tale ființe. Alegerea de a iubi.

Reflecție finală

Întreabă-te:

– Care sunt lecțiile pe care viața mi le repetă mereu?

– În ce situații mă regăsesc din nou și din nou, sub alte forme?

– Ce ar fi dacă aș învăța acum, prin conștiență, ceea ce altădată trebuia să învăț prin durere?

Viețile ciclice nu sunt o condamnare, ci o șansă. Șansa de a ne ridica, de a deveni mai buni, de a ne apropia de adevărul esențial: suntem Unul.

Și atunci când vei simți asta în inimă, vei ști că nu ești prins într-un cerc al durerii, ci într-o spirală a evoluției.

Spirala evoluției: Dincolo de iluzie

Spirala, spre deosebire de cerc, nu se închide în sine, ci se înalță. Fiecare rotație este un pas înainte, o ascensiune spre o conștiință superioară. Oricât de mult ne-am întoarce la aceleași lecții, de fiecare dată o facem dintr-o poziție diferită, mai înțeleaptă. Nu mai ești aceeași persoană care a greșit ieri. Ești o versiune evoluată, capabilă să vadă dincolo de iluzie.

Iluzia este cea care ne ține prinși în lanțurile timpului și ale formei. Ne face să credem că suntem doar un trup trecător, o personalitate cu un nume și un trecut. Ne convinge că avem nevoie de validare exterioară, de posesiuni, de putere. Dar toate acestea sunt doar decoruri într-o piesă de teatru. Adevăratul spectator, sufletul tău, știe că piesa se va termina și că vei părăsi scena.

Adevărata eliberare vine din recunoașterea adevărului esențial: că esența ta este eternă și inseparabilă de întregul univers. Nu ești un fragment rătăcit, ci o scânteie divină, o bucată din infinit. Cu fiecare viață, îți amintești tot mai mult de acest adevăr. Fiecare suferință, fiecare bucurie, fiecare eșec sau triumf este doar un indiciu care te ghidează înapoi acasă.

Alchimia suferinței și a bucuriei

Dacă viața este un cerc, atunci suferința și bucuria sunt cele două emisfere ale sale. Una nu poate exista fără cealaltă. Așa cum nu poți înțelege lumina fără a cunoaște întunericul, tot așa nu poți înțelege bucuria profundă fără a fi atins de durere.

Suferința este un maestru crud, dar eficient. Ea sparge carapacea ego-ului, ne obligă să privim în interior și să ne confruntăm cu umbrele noastre. Atunci când tot ceea ce ai construit se prăbușește, când te simți singur, părăsit sau rănit, ești forțat să cauți un sprijin care nu depinde de lumea exterioară. Această căutare te duce la sursa ta interioară de forță, la esența ta eternă.

Bucuria, pe de altă parte, este o recompensă subtilă. Ea nu provine din achiziții materiale sau din aplauzele celorlalți. Adevărata bucurie apare atunci când ești aliniat cu sinele tău autentic. Este sentimentul de pace care te cuprinde după ce ai iertat, de împlinire după ce ai ajutat pe cineva, de conexiune după ce ai iubit necondiționat. Aceste momente de bucurie sunt indicii că te afli pe drumul cel bun, pe spirala ascendentă a evoluției.

Puterea iertării și a acceptării

Iertarea este o lecție esențială pe care o învățăm în acest ciclu nesfârșit. Nu este vorba doar de a-i ierta pe ceilalți, ci mai ales de a te ierta pe tine însuți. Când îți ierți greșelile din trecut – cele din această viață, dar și din cele anterioare – eliberezi energia blocată și îți permiți să avansezi. Fiecare rană pe care o porți din trecut este o ancoră care te ține legat de un ciclu pe care trebuie să-l închei.

Acceptarea este sora geamănă a iertării. Acceptă că nu poți schimba ceea ce a fost. Acceptă că fiecare persoană și fiecare eveniment au apărut în calea ta cu un anumit scop. Nu pentru a te pedepsi, ci pentru a te învăța. Odată ce accepți această realitate, povara se ridică, iar drumul se deschide în fața ta.

Desăvârșirea spiralei

Când ajungi în punctul în care ești capabil să-i iubești pe ceilalți ca pe tine însuți, să înțelegi că ei sunt oglinzi ale propriului tău suflet, spirala se apropie de desăvârșire. Atunci, nu mai ai nevoie de ciclul nașterilor și al morților pentru a-ți învăța lecțiile. Ai atins starea de conștiință pură, de unitate cu întregul. Ești eliberat de iluzie.

Acesta nu este un sfârșit, ci o transformare. Devii un ghid, un far pentru cei care se află încă în labirintul existenței. Îți folosești înțelepciunea acumulată pentru a lumina calea altora. Atunci, nu mai trăiești pentru a învăța, ci pentru a servi. Nu mai ești prizonierul cercului, ci o parte conștientă a spiralei, care continuă să se înalțe, purtând cu sine lumina necondiționată a iubirii.

Concluzie extinsă

Viețile ciclice nu sunt o pedeapsă, ci un privilegiu al sufletului de a-și lărgi inima până când cuprinde totul. Cercul existenței ne întoarce în aceleași teme, dar de fiecare dată cu mai multă claritate, până când alegem conștient iubirea în locul fricii. Legea întoarcerii nu „pedepsește", ci educă blând: ne aduce în față exact ceea ce avem nevoie pentru a deveni mai întregi. Acolo unde am judecat, viața ne invită să înțelegem; acolo unde am rănit, viața ne cheamă să vindecăm; acolo unde am fost indiferenți, viața ne trezește compasiunea.

Spirala evoluției ridică cercul din planul repetitiv în planul vertical al conștiinței. Nu ne cere perfecțiune, ci sinceritate – curajul de a recunoaște când greșim și delicatețea de a reîncepe. Iertarea devine puntea peste care trece sufletul din trecut în prezent, iar acceptarea – rădăcina unei păci care nu mai depinde de circumstanțe. În acest loc interior, puterea nu mai înseamnă control, ci capacitatea de a dărui lumină fără a te risipi.

A-ți aminti cine ești înseamnă a vedea în fiecare om o parte din tine și în fiecare întâmplare o porțiune din lecția ta. Astfel, cercul nu mai strânge, ci cuprinde; nu te închide, ci te extinde. Iar când iubirea devine alegerea ta firească, descoperi că toate viețile tale au urmărit același scop: reîntoarcerea conștientă la Unul.

Întrebări pentru reflecție

1. Care este „lecția repetitivă" ce îmi apare în diferite forme și cum pot alege acum o reacție plină de iubire în locul unui vechi reflex?
2. Ce act concret de iertare (față de mine sau față de altcineva) mă poate elibera astăzi și urca un pas pe spirala evoluției?

Pagina pentru notițe

Capitolul 8

Prizonier sau liber pe planeta Pământ

Dincolo de repetiție

Puțini oameni reușesc să vadă dincolo de ciclurile repetitive ale vieții pe Pământ. Majoritatea trăiesc zi de zi, convinși că „acum" este tot ceea ce există. Și totuși, realitatea este mult mai vastă, mai adâncă, mai misterioasă decât ceea ce percepem cu ochii.

Ceea ce trăim astăzi este doar o nouă buclă a unui ciclu străvechi. Manifestările noastre, ale spiritelor și ale tuturor ființelor vii, sunt înrădăcinate în trecuturi uitate. Nimic nu apare la întâmplare. Totul se repetă, în forme diferite, dar cu același mesaj: ai venit să înveți.

Iluzia prezentului

Mulți spun: „Eu trăiesc prezentul." Dar prezentul nu este o pagină goală. Este rezultatul unei pregătiri mult mai vechi, al unor decizii luate în alte vieți, în alte timpuri. Dacă ai în fața ta un obstacol, un prieten sau un dușman, să știi că toți aceștia sunt semințele pe care tu însuți le-ai plantat cândva.

Prezentul este moștenirea ta. Iar felul în care alegi să-l trăiești îți scrie viitorul.

Lecțiile repetiției

Pe Pământ, totul se repetă. Începutul devine sfârșit, iar sfârșitul renaște din nou ca început. Civilizațiile au înflorit și au pierit de nenumărate ori. Omenirea a trecut prin aceleași ispite, aceleași greșeli, aceleași lupte pentru supremație.

Dacă astăzi crezi că ai descoperit ceva „nou", adu-ți aminte: ceea ce descoperi este doar o formă reînnoită a unui adevăr trăit de mii de ori. Adevărata noutate nu este invenția, ci conștiința cu care repeți experiența.

Schimbarea rolurilor

În această repetiție nesfârșită, singurul lucru care se schimbă este rolul pe care îl joci. Astăzi ești cel care domină și rănește; în altă viață vei fi cel rănit. Astăzi ești cel care oferă iubire; într-o altă viață vei primi aceeași iubire pe care ai dăruit-o.

Numai prin trăirea directă, prin a simți pe propria piele consecința faptelor tale, ajungi să înțelegi cu adevărat. Nicio carte și niciun maestru nu pot înlocui experiența.

De aceea, fiecare faptă contează. Fiecare cuvânt lăsat în lume se va întoarce. Fiecare gând pe care îl cultivi creează viitorul tău.

Alegerea ta

Dacă îți lași ființa condusă de mândrie și aroganță, îți pregătești suferință. Dacă alegi compasiunea și înțelepciunea, îți creezi pace și lumină.

Caută să vezi dincolo de timp. Și chiar dacă nu reușești întotdeauna, alege să faci binele care îți stă la îndemână. În acele gesturi mici, aparent nesemnificative, se ascunde puterea de a rupe ciclurile durerii.

Suflete mai puțin evoluate

Cei care fac rău nu sunt „pedepsiți" de cineva din afară. Ei pur și simplu nu au înțeles încă legea repetiției. Sunt suflete tinere, care încă se joacă periculos cu energia vieții. Ei nu pot pătrunde dincolo de iluzia timpului, și de aceea nu își dau seama că vor fi nevoiți să retrăiască tot ceea ce au semănat.

De aceea, avertismentul meu este simplu: ferește-te de rău și de judecată. Nu răspunde cu aceeași monedă. Alege să cunoști adevărul și să-l trăiești.

De la prizonier la creator

Scopul nostru pe Pământ nu este să controlăm sau să dominăm. Scopul nostru este să devenim creatori. Dar cum poți fi un creator autentic, dacă îți lași viața condusă de mândrie, de frică, de dorința de a avea „dreptate"?

Valoarea ta reală nu se află în cât de mulți oameni ai sub tine, ci în cât de mult te-ai ridicat tu însuți.

Prizonier este cel care repetă aceleași lecții fără să înțeleagă. Liber este cel care alege conștient să creeze binele.

Cercetează-te

Cercetează-ți ființa. Privește-ți conștiința. Întreabă-te: De ce trăiesc asta din nou? Ce lecție mi se cere să învăț? Dacă îți irosești viața urmărind doar ce fac ceilalți, vei fi nevoit să te întorci din nou și din nou.

Dar dacă alegi să îți privești cu onestitate greșelile și să înveți din ele, ai făcut deja un pas spre libertate.

Dincolo de motive

În spatele fiecărei acțiuni există un motiv. Dacă motivul este curat și bun, atunci ai deschis o poartă către evoluție. Dacă motivul tău este egoist, vei rămâne prins în cerc.

Ai de ales: să rămâi prizonier al repetiției sau să devii liber prin înțelegere.

Reflecție finală

Întreabă-te:

– Trăiesc acum pentru ego sau pentru suflet?

– Care sunt lucrurile care se repetă în viața mea?

– Dacă aș privi lumea ca pe o oglindă a mea, ce aș vedea?

Adevărul de dincolo de om nu este un mister ascuns în biblioteci, ci un adevăr simplu: totul se repetă până când alegi iubirea.

Și atunci când alegi iubirea, nu mai ești prizonier al timpului, ci creator al eternității.

Călătoria către Adevărata Libertate

A fi liber pe planeta Pământ nu înseamnă să te desprinzi de tot ceea ce te înconjoară. Adevărata libertate nu este o fugă, ci o stare de a fi, atinsă prin înțelegere profundă. Ești cu adevărat liber atunci când nu mai ai nevoie să repeți aceleași lecții dureroase, pentru că ai ales să le înveți prin conștiență.

Omenirea se află la o răscruce. Avem o șansă unică de a scurta drumul, de a evita suferința inutilă a generațiilor viitoare. Instrumentele sunt la dispoziția noastră: cunoașterea ancestrală, intuiția, dar mai ales puterea iubirii. Când alegi să acționezi din iubire, nu mai ești o marionetă a karmei, ci un creator conștient. Rupând ciclul, îți oferi ție însuți și întregului univers un cadou neprețuit: posibilitatea de a avansa.

Semnele Eliberării

Cum știi că ești pe drumul cel bun, pe spirala evoluției, și nu blocat în cercul repetiției? Semnele sunt subtile, dar clare.

Mai întâi, observi că situațiile negative nu se mai repetă: nu mai atragi același tip de partener toxic, aceleași conflicte la locul de muncă, aceeași suferință. Lecția a fost integrată, iar viața îți aduce provocări noi, la un nivel mai înalt și mai conștient.

Apoi, simți o pace interioară care nu depinde de rezultate. Frica se domolește, anxietatea se transformă în calm, iar încrederea în sensul experiențelor tale se adâncește.

În plus, compasiunea se extinde: nu mai judeci, pentru că înțelegi că fiecare poartă propriile lecții karmice. Dorința de a ajuta vine din conexiune, nu din superioritate.

Pământul, o Școală a Înțelepciunii

Planeta Pământ este o școală a sufletelor, un laborator cosmic unde conștiința se perfecționează. Nu am venit aici pentru a ne stăpâni unii pe alții, ci pentru a învăța împreună. De la conflicte la inovații, de la iubire la război – toate sunt lecții colective.

Rolul tău este crucial. Prin fiecare act de bunătate, prin fiecare gând de iubire și alegere conștientă, contribui la ascensiunea conștiinței colective. Nu ești singur; ești o parte esențială a unui întreg în evoluție.

Concluzie: Devenind Maestru al Destinului

Nu ești o victimă a circumstanțelor, ci arhitectul propriei tale realități. Nu ești prizonierul soartei, ci un creator al destinului tău. Recunoaște-ți puterea – nu pentru a domina, ci pentru a servi; nu pentru a acumula, ci pentru a împărtăși; nu pentru a judeca, ci pentru a înțelege.

Când te ridici deasupra iluziei timpului și materiei, descoperi că adevărul de dincolo de om este o stare trăită. Toate ciclurile și repetițiile tale devin un drum spre libertate: libertatea de a iubi necondiționat, de a te ierta pe tine și de a fi, simplu, lumină.

Ce pas vei face astăzi pentru a te elibera de un ciclu al trecutului?

Concluzie extinsă

Libertatea adevărată începe în clipa în care îți asumi că ești autorul vibrației tale. Nu poți controla toate circumstanțele, dar poți alege cauza pe care o pui în mișcare acum: intenția, gândul, motivația din spatele fiecărui gest. Acolo se frânge lanțul repetiției. Când alegi lucid să răspunzi din inimă în loc să reacționezi din ego, rescrii nu doar povestea ta, ci și o mică parte din povestea lumii.

Repetiția nu dispare prin negare, ci prin înțelegere. Observă-ți tiparele cu blândețe, nu cu vină. Întreabă-le ce au venit să te învețe. Uneori îți cer limite, alteori iertare, alteori curajul de a spune „da" vieții. Pe măsură ce răspunzi conștient, cercul se transformă în spirală: te întorci în locuri familiare, dar cu mai multă lumină.

A fi creator înseamnă să aliniezi motivația, emoția și acțiunea. O motivație curată fără acțiune rămâne vis; acțiunea fără inimă devine efort gol. Când toate trei se întâlnesc, realitatea răspunde cu sincronicități: uși se deschid, oameni potriviți apar, iar vechile noduri se dezleagă fără luptă.

Nu măsura progresul după aplauze sau rezultate imediate, ci după pacea care rămâne în tine după ce ai ales iubirea. Acolo se naște libertatea: nu în controlul perfect al vieții, ci în încrederea profundă că orice vine este o punte spre mai multă conștiință. Astfel, din prizonier al repetiției devii pelerin al eternității – și fiecare pas, oricât de mic, este un act de lumină.

Întrebări pentru reflecție

1. Care este tiparul (situația, relația, emoția) care se repetă în viața mea și ce intenție nouă pot planta azi pentru a-l transforma?
2. Ce gest mic, concret, pot face în următoarele 24 de ore pentru a alege iubirea în locul reacției automate a ego-ului?

Pagina pentru notițe

Capitolul 9

Metode de vindecare a sufletului

De ce are nevoie sufletul de vindecare?

Când spui „vindecare", oamenii se gândesc, de obicei, la trup. La răni vizibile, la boli, la dureri palpabile. Însă cele mai adânci răni nu sunt pe piele, ci în suflet. Ele nu se văd, dar se simt în fiecare gând, în fiecare emoție, în fiecare alegere.

Un suflet nevindecat trăiește în frică, în vinovăție, în rușine sau în ură. Un suflet rănit transmite mai departe răni, pentru că ceea ce nu vindecăm în noi, dăm mai departe celor din jur. Așa se nasc lanțurile durerii.

Dar vestea bună este aceasta: orice rană poate fi vindecată. Oricât de adâncă, oricât de veche, oricât de grea.

Primele semne ale rănilor sufletești

Poate nu știi că sufletul tău e rănit. Poate crezi că doar „așa e viața": plină de suferințe, de greutăți, de lipsuri. Dar semnele rănilor lăuntrice sunt clare:

- simți că nu ești suficient de bun, indiferent ce faci;
- nu te poți bucura pe deplin, chiar și atunci când ai motive;

- repeți aceleași greșeli, aceleași relații, aceleași suferințe;
- te simți gol în interior, chiar dacă ai succes exterior;
- îți este greu să ierți, să iubești sau să primești iubirea altora.

Toate acestea arată că sufletul tău cere vindecare.

Iertarea – cheia eliberării

Nu există vindecare fără iertare. Iertarea este medicamentul sufletului. Ea nu schimbă trecutul, dar schimbă modul în care trecutul trăiește în tine.

A ierta nu înseamnă că accepți răul ca fiind bun. Nu înseamnă că uiți sau că minimalizezi durerea. Înseamnă că alegi să nu mai porți rana în tine. Că o lași să plece.

Poate spui: „Nu pot ierta, e prea mult." Și e firesc să simți asta. Dar iertarea nu se face dintr-odată, ci pas cu pas. Fiecare alegere de a renunța la resentiment, fiecare respirație în care spui „te las să pleci", este un act de vindecare.

Vindecarea prin iubire

Dacă ura și frica îmbolnăvesc, iubirea vindecă. Nu iubirea romantică, condiționată, plină de așteptări, ci iubirea simplă, curată, aceea care spune: „Îți dau voie să fii tu însuți. Și îmi dau voie să fiu eu."

Această iubire începe întotdeauna în tine. Nu poți iubi cu adevărat pe altcineva, dacă nu înveți să te iubești pe tine. Nu în mod egoist, nu cu mândrie, ci cu recunoștință pentru faptul că ești o expresie a divinului.

Când începi să te privești cu blândețe, sufletul tău respiră din nou. Și din acel moment, iubirea devine medicamentul tuturor rănilor.

Vindecarea prin adevăr

Un alt pas esențial este să recunoști adevărul. Nu poți vindeca o rană dacă o negi. Nu poți vindeca o traumă dacă spui: „Nu contează, a trecut."

Vindecarea cere curajul de a privi în față ceea ce doare. Nu pentru a rămâne în durere, ci pentru a o elibera.

Întreabă-te cu sinceritate: Ce ascund în mine? Ce evit să simt? Ce mi-e frică să recunosc?

De multe ori, rana nu dispare pentru că am ridicat ziduri în jurul ei. Dar zidurile nu vindecă, doar ascund. Și ceea ce ascunzi, continuă să te rănească în tăcere.

Adevărul, oricât de dureros, este primul pas spre eliberare.

Vindecarea prin acceptare

După adevăr vine acceptarea. Acceptarea nu este resemnare, nu este „așa a fost să fie". Acceptarea este recunoașterea faptului că ceea ce a fost, a fost. Nu mai poți schimba trecutul, dar poți schimba felul în care îl lași să-ți influențeze prezentul.

Acceptarea aduce pace. Pacea este solul în care iubirea poate înflori. Și din această iubire, sufletul renaște.

Vindecarea prin recunoștință

Poate pare greu de înțeles, dar recunoștința este una dintre cele mai puternice forme de vindecare. Când înveți să spui „mulțumesc" chiar și pentru durerile tale, sufletul tău se ridică la un alt nivel de conștiință.

Nu pentru că durerea este bună, ci pentru că a fost profesorul tău. Pentru că te-a învățat ceea ce altfel nu ai fi învățat.

Recunoștința transformă rana în înțelepciune.

Vindecarea prin bucurie

Vindecarea nu este doar despre a plânge, despre a elibera, despre a confrunta umbrele. Este și despre a aduce bucurie. Bucuria simplă, autentică – de a privi cerul, de a zâmbi, de a îmbrățișa, de a crea ceva frumos.

Sufletul nu se vindecă doar prin analiză, ci și prin trăire. Lasă-ți sufletul să se bucure. Nu amâna fericirea până când „totul va fi perfect". Perfecțiunea nu vine niciodată. Bucuria este aici și acum.

Vindecarea prin spiritualitate

În cele din urmă, vindecarea sufletului nu este completă fără o legătură conștientă cu Divinul. Nu contează cum îl numești: Dumnezeu, Sursă, Univers, Lumină. Ceea ce contează este să recunoști că nu ești singur.

Există o Forță mai mare decât tine, o Forță care te susține, te iubește și te cheamă acasă. Când deschizi sufletul spre această Forță, toate rănile încep să se aline.

Rugăciunea, meditația, tăcerea – toate sunt căi prin care sufletul se leagă din nou de izvorul său. Și acolo, în acea legătură, vindecarea este deplină.

Reflecție finală

Vindecarea sufletului este o călătorie. Nu se face într-o zi, nici într-o săptămână. Dar fiecare pas contează. Fiecare alegere de a ierta, de a iubi, de a spune adevărul, de a accepta, de a fi recunoscător, de a trăi bucuria, de a te conecta cu Divinul – toate acestea sunt pietre pe drumul către libertatea interioară.

Întreabă-te:

– Ce rană port încă în mine?

– Ce aş putea ierta astăzi?

– Ce aleg să las să plece?

Vindecarea nu este un lux. Este destinul fiecărui suflet. Şi tu, drag cititor, eşti chemat să-l trăieşti.

Pentru că atunci când sufletul tău se vindecă, întreaga lume se vindecă prin tine.

Călătoria Inimii: De la Prizonier la Ghid

După ce sufletul începe să se vindece, călătoria nu se opreşte. De fapt, abia acum începe cu adevărat. Această vindecare nu este un scop final, ci o transformare, o trecere de la starea de prizonier al trecutului la aceea de ghid al propriului destin şi al altora. Când îţi laşi rănile în spate, nu le uiţi. Le transformi în înţelepciune şi compasiune.

Un suflet vindecat devine o sursă de lumină. Nu mai caută validarea exterioară, pentru că a găsit-o în interior. Nu mai este condus de frică, ci de iubire. Şi din această iubire profundă, eliberează un val de energie care poate atinge şi vindeca alte suflete. Atunci, nu mai trăieşti pentru a primi, ci pentru a dărui.

Să Fii un Punct de Sursă

Imaginează-ţi că fiecare suflet este un râu. Dacă izvorul este blocat de resentimente, de dureri neiertate şi de traume, apa nu poate curge liber.

Ea stagnează și devine tulbure. Vindecarea este procesul de a elibera aceste blocaje, de a curăța izvorul. Odată ce izvorul este pur, râul poate curge liber. Iar apa sa pură poate adăpa pământul, poate da viață plantelor și poate stinge setea altor ființe.

Tu ești un astfel de râu. Ai o șansă unică de a deveni un punct de sursă, un canal prin care iubirea și vindecarea curg spre lume. Nu trebuie să fii un maestru spiritual sau un guru. Trebuie doar să fii un om care a ales să se vindece. Acțiunile tale, cuvintele tale, chiar și prezența ta devin o manifestare a acestei vindecări. Când ești vindecat, nu trebuie să faci nimic special pentru a-i ajuta pe ceilalți. Lumina ta interioară va lumina drumul pentru ei.

Adevăratul sens al serviciului

Un suflet vindecat înțelege adevăratul sens al serviciului. Serviciul nu este o obligație, ci o bucurie. Este un răspuns natural la a fi plin de iubire. Nu mai ajuți din sentimentul de vinovăție sau din dorința de a fi apreciat, ci din dorința pură de a contribui la binele comun.

Adevăratul serviciu nu are nevoie de public. Poate fi un zâmbet oferit unui străin, o mână întinsă unui prieten sau o vorbă bună spusă. Aceste acte simple, venite dintr-un spațiu de vindecare, au o putere incredibilă de a transforma. Ele sunt semințele pe care le plantezi într-o lume care are nevoie de speranță.

Un viitor al conștiinței

Vindecarea sufletului individual este primul pas către vindecarea colectivă. Pe măsură ce tot mai mulți oameni aleg să se confrunte cu rănile lor, conștiința globală se ridică. Lanțurile durerii se rup, și se construiesc punți de iubire și înțelegere.

Acesta este destinul omenirii: de a se elibera de trecut și de a crea un viitor bazat pe compasiune. Fiecare pas pe care îl faci pentru a te vindeca pe tine este un pas pe care îl faci pentru noi toți. Pentru că, în cele din urmă, nu suntem suflete separate, ci o rețea de lumină interconectată.

Finalul acestei călătorii nu este un punct, ci o expansiune. O expansiune a conștiinței, a iubirii și a libertății. O stare în care nu mai ești definit de rănile tale, ci de lumina pe care o dăruiești lumii.

Concluzie extinsă

Vindecarea sufletului este o artă delicată între: adevăr, blândețe și perseverență. Nu grăbește nimic, dar nu amână curajul. Începe prin a așeza lumina conștiinței pe locul care doare și continuă prin pași simpli, repetați cu fidelitate: respirație conștientă, iertare spusă cu voce joasă, gesturi mici de bunătate față de tine și față de ceilalți. Cu timpul, rana încetează să-ți dicteze identitatea și devine un capitol care te-a înnobilat.

O practică folositoare este „triada vindecării": (1) **numește** ceea ce simți („acum simt teamă/rușine/mânie"); (2) îmbrățișează senzația fără să o judeci („este omenesc, pot sta cu ea în siguranță"); (3) **alege** o acțiune mică aliniată cu iubirea (un mesaj de iertare, o pauză, o rugăciune). Repetată, triada reface traseele inimii și ale minții, iar energia blocată începe să curgă.

Recunoștința zilnică – trei lucruri adevărate pentru care spui „mulțumesc" – ridică vibrația întregii zile, iar tăcerea conștientă de câteva minute dimineața reancorează sufletul în Sursă. Nu uita de corp: mișcarea blândă, apa suficientă, somnul așezat sunt parte din vindecarea spirituală. Corpul este templul în care lucrează harul.

Când iubirea devine răspunsul tău de bază, nu înseamnă că nu mai simți durere, de fapt nu mai lași durerea să-ți conducă direcția. Atunci înțelegi: nu ești rana ta, ești spațiul vast în care rana s-a vindecat. Iar din acest spațiu, prezența ta devine medicament pentru lume.

Întrebări pentru reflecție

1. Ce adevăr evit să privesc direct și care ar fi primul pas blând prin care îl pot onora astăzi?
2. Ce gest concret de iertare (față de mine sau față de altcineva) pot face în următoarele 24 de ore?

Pagina pentru notițe

Capitolul 10

Vindecarea sufletului

Sufletul omului este asemenea unui vas de cristal: transparent, fragil și totuși capabil să reflecte lumina în mii de culori. De-a lungul vieții, fiecare dintre noi trece prin încercări, pierderi și răni nevăzute, care lasă urme adânci în interiorul nostru. Aceste cicatrici nu se văd cu ochiul liber, dar se simt în tăcerea inimii, în nopțile nedormite, în dorurile nerostite.

Uneori, durerea ne copleșește atât de mult încât ajungem să credem că sufletul nostru s-a frânt iremediabil. Dar adevărul este că, asemenea unei oglinzi sparte care totuși continuă să reflecte lumina, și sufletul rănit are în el puterea de a se ridica, de a se regăsi, de a renaște.

Vindecarea sufletului nu înseamnă uitare. Nu înseamnă a șterge amintirile sau a nega trecutul. Vindecarea înseamnă a privi rana cu blândețe, a o spăla cu lacrimi și a-i permite luminii iubirii să pătrundă în crăpăturile ei. Este o călătorie interioară, adesea lungă și dureroasă, dar care conduce către liniște, libertate și sens.

Originea rănilor noastre

Rănile sufletului nu se nasc dintr-odată. Ele se adună în timp, asemenea picăturilor de ploaie care sapă încet piatra, lăsând urme greu de șters. Uneori nici nu conștientizăm momentul în care au apărut, dar simțim greutatea lor în inimă și ne mirăm de ce pașii vieții devin, brusc, mai apăsați.

Pierderea unei ființe dragi este una dintre cele mai adânci surse de durere. Moartea, boala sau despărțirea lasă un gol imens, iar sufletul, neștiind cum să umple acest vid, rămâne rănit. Dorul devine o rană tăcută, care se deschide de fiecare dată când ne amintim de zâmbetul sau vocea celui plecat.

Alte răni se nasc atunci când încrederea noastră este înșelată. Prieteni care ne-au abandonat, iubiri care s-au transformat în cuvinte aspre, promisiuni nerespectate — toate lasă cicatrici invizibile, dar dureroase. Respingerea ne face să ne îndoim de propria valoare și să credem, uneori, că nu suntem demni de iubire.

Adesea, cele mai vechi răni provin din copilărie. O vorbă dură, lipsa de afecțiune, sentimentul de nesiguranță sau chiar abuzurile emoționale sapă fisuri adânci. Acestea rămân ascunse, dar continuă să ne influențeze alegerile și relațiile, chiar și la maturitate.

Nu toate rănile vin din relații. Uneori, rana apare din lipsa unui sens, dintr-o viață trăită pe fugă, fără ancoră și fără un scop clar. Omul simte că, oricât ar realiza în exterior, ceva lipsește în interior. Această goliciune sufletească poate fi la fel de dureroasă ca pierderea unei persoane dragi.

Primii pași spre vindecare

Pentru a începe vindecarea, primul pas este recunoașterea. Așa cum un medic nu poate vindeca o boală nevăzută, nici sufletul nu se poate vindeca de o durere pe care o negăm. Mulți oameni poartă ani de zile poveri interioare, ascunzându-le sub zâmbete sau reușite exterioare. Dar durerea nevindecată nu dispare, ci mocnește.

Negarea este ca o rană fizică netratată: poate părea închisă la suprafață, dar în interior continuă să se infecteze. Curajul real începe atunci când ne oprim, privim înăuntru și recunoaștem: Da, sufăr. Da, port răni. Da, am nevoie de vindecare.

Al doilea pas este acceptarea. Acceptarea nu înseamnă resemnare. Ea înseamnă să privim cu blândețe realitatea prezentă, să nu mai luptăm împotriva propriei dureri, ci să îi deschidem ușa luminii. Din acel moment, vindecarea devine posibilă.

Puterea iertării și a compasiunii

Dintre toate cheile vindecării, iertarea este cea mai grea și cea mai eliberatoare. Sufletul rănit poartă nu doar cicatrici, ci și lanțuri: lanțurile resentimentului, ale furiei, ale amărăciunii. Acestea cântăresc uneori mai greu decât rana în sine.

Iertarea nu este despre celălalt, ci despre noi. Ea nu spune „ceea ce s-a întâmplat a fost corect", ci spune: „Aleg să nu mai las rana să îmi conducă viața." În clipa în care iertăm, eliberăm energia sufletului nostru și îl lăsăm să respire din nou.

Dacă iertarea rupe lanțurile, compasiunea este balsamul care vindecă. Compasiunea ne arată că și cel care ne-a rănit este, la rândul său, un suflet rănit. Și, mai ales, compasiunea se extinde către noi înșine: încetăm să ne judecăm atât de aspru și alegem să ne spunem: „Am greșit, dar merit iertare. Am căzut, dar mă pot ridica."

Credința și lumina interioară

Există răni pe care doar credința le poate atinge. Credința este ca o mână nevăzută care ne sprijină când simțim că nu mai putem merge. Ea nu șterge suferința peste noapte, dar ne amintește că nu suntem singuri.

În rugăciune, lacrimile nu cad în gol. Ele devin o punte între noi și sursa divină a iubirii. În meditație, gândurile se liniștesc și se creează spațiu pentru pacea interioară. În natură, sufletul își amintește că face parte dintr-un întreg mai mare.

Credința, indiferent de forma ei, este asemenea unei lumânări aprinse într-o cameră întunecată. Întunericul poate fi dens, dar o singură rază de lumină schimbă totul.

Vindecarea prin gesturi simple

Vindecarea sufletului nu se trăiește doar prin mari revelații, ci și prin gesturi mici, repetate zilnic. Scrisul, arta, muzica, dansul sunt porți prin care durerea se transformă în frumusețe. O plimbare prin pădure sau câteva minute de respirație conștientă pot aduce aceeași liniște ca o rugăciune.

Fiecare ritual al prezenței este un pas spre reconstrucție. Chiar și gestul simplu de a spune „astăzi aleg pacea" are puterea de a reașeza sufletul pe o cale nouă.

Din durere, înțelepciune

Suferința, deși amară, nu este lipsită de sens. Fiecare rană ascunde o lecție. Lotusul, floarea care se naște din noroi, este imaginea perfectă a sufletului vindecat: din adâncurile durerii se poate naște frumusețea.

Cicatricile noastre nu sunt rușini, ci mărturii ale supraviețuirii. Ele devin povești care inspiră și dau curaj altora. Un suflet vindecat devine adesea cel mai bun sprijin pentru sufletele încă rănite.

Mărturia unui suflet vindecat

Adevărata vindecare a sufletului nu este un proces de uitare, ci o transformare alchimică. Nu ești definit de rănile tale, ci de felul în care le-ai transmutat în lumină. Un suflet vindecat nu este unul care nu a suferit niciodată, ci unul care a ales să nu mai fie prizonierul acelei suferințe.

O persoană cu un suflet vindecat emană o energie diferită. Ea nu mai caută să domine sau să lupte pentru a-și demonstra valoarea. Nu mai are nevoie de validare exterioară, pentru că și-a găsit propria sursă de valoare. O vezi în ochii săi: nu mai este frică, ci o pace adâncă. O simți în prezența sa: o calmă putere, o acceptare necondiționată.

Acest suflet nu mai judecă, pentru că înțelege. Nu mai reacționează impulsiv, pentru că a învățat să răspundă cu înțelepciune. Nu mai fuge de durere, ci o îmbrățișează ca pe un vechi învățător.

Moștenirea Vindecării

Vindecarea sufletului tău nu este doar o misiune personală. Este un dar pe care-l lași moștenire lumii. Fiecare suflet vindecat contribuie la vindecarea conștiinței colective. Când tu te eliberezi de amărăciune, spațiul din jurul tău devine mai luminos. Când tu alegi iubirea în locul urii, o fărâmă din întreaga omenire face același lucru.

Acest proces nu este un act de egoism. Este, de fapt, cea mai înaltă formă de altruism. Nu poți da cu adevărat dintr-un vas gol sau spart. Dar dintr-un vas plin, apa vieții curge în mod natural și îi atinge și pe ceilalți.

Eliberarea finală

În cele din urmă, scopul vindecării nu este doar de a te simți bine. Este de a te elibera. De a te elibera de lanțurile invizibile ale trecutului, de fricile care te-au ținut în loc, de povara vinovăției și a rușinii.

Această eliberare te aduce mai aproape de esența ta, de scânteia divină pe care o porți în tine. Îți amintește că nu ești doar un trup trecător și o minte zbuciumată, ci o ființă eternă, capabilă de iubire infinită.

Când sufletul se vindecă complet, se întoarce acasă. Nu într-un loc fizic, ci într-o stare de a fi, unde nu mai există separare. Unde ești una cu totul. Aceasta este starea de libertate supremă: să fii tu însuți, fără mască, fără frică, fără judecată.

Reflecție finală

Întreabă-te:

– Dacă sufletul meu ar fi vindecat complet, cum aș trăi?

– Ce lanțuri sunt pregătit să las în urmă?

– Ce daruri aș putea oferi lumii, din locul meu de vindecare?

Am început această călătorie cu ideea că viața este un cerc, și o încheiem cu certitudinea că vindecarea transformă acest cerc într-o spirală ascendentă. O spirală a evoluției, a înțelepciunii și a iubirii. Iar tu, drag cititor, ești pe această spirală, ridicându-te cu fiecare pas pe care-l faci spre lumină.

Concluzie extinsă

Vindecarea nu este un eveniment, ci o fidelitate blândă față de tine, repetată zi de zi. Ea începe acolo unde încetezi să te mai lupți cu ceea ce simți și alegi să-ți fii aproape, ca celui mai bun prieten. Trei practici simple pot deveni ancorele acestei căi:

(1) **Respirația conștientă** – câteva minute în care numeri ușor inspirația și expirația, lăsând corpul să-ți arate că ești în siguranță.

(2) **Jurnalul inimii** – scrie zilnic trei adevăruri pe care le trăiești și trei mulțumiri reale; cuvintele așezate pe hârtie mută energia din haos în claritate.

(3) **Actul mic de bunătate** – o faptă concretă, oricât de modestă, aliniată cu iubirea: un telefon, o îmbrățișare, o iertare rostită.

Pe măsură ce practici, vei observa că energia durerii își pierde puterea de a-ți defini identitatea. În locul ei apare un spațiu lăuntric încăpător, în care emoțiile pot veni și pleca fără să te prăbușească. În acest spațiu, credința nu mai e o idee, ci o respirație: „Sunt purtat. Nu sunt singur."

Nu uita de corp – templul în care lucrează harul. Hrănește-l simplu, mișcă-l cu blândețe, odihnește-l cu respect. O inimă vindecată locuiește într-un trup îngrijit. Iar când, inevitabil, vei mai cădea, adu-ți aminte că a vindeca înseamnă și a reîncepe. De fiecare dată.

Adevărul ultim al vindecării este acesta: nu cauți o versiune „perfectă" de tine, ci îți amintești cine ești dinaintea rănilor. Când trăiești de acolo, prezența ta devine balsam – pentru tine, pentru cei iubiți, pentru lume.

Întrebări pentru reflecție

1. Ce adevăr al meu are nevoie să fie scris (nu perfect, ci sincer) pentru ca vindecarea să capete direcție?
2. Care este actul mic de bunătate pe care îl voi face astăzi – față de mine sau față de altcineva – ca dovadă a alegerii mele pentru vindecare?

Pagina pentru notițe

Capitolul 11

Adevăruri de dincolo de om

În acest capitol am să aștern câteva lucruri care, pentru oamenii de rând, pot părea greu de crezut. Nu le scriu ca să impresionez, ci pentru ca tu să afli adevărul și să-ți deschizi mintea către nelimitare.

Într-o altă viață am creat o altă planetă, la o distanță foarte mare de Pământ. Acolo am adus la existență ființe asemănătoare oamenilor, dar aflate într-o continuă evoluție a binelui. Acea planetă există și astăzi. Înfățișarea locuitorilor ei este identică cu a oamenilor, însă ei trăiesc veșnic, nu au nevoie să se înmulțească și nu au nevoie de hrană. Se pot transforma oricând în spirit și se pot teleporta.

Am creat și o altă dimensiune, în care am așezat ființe asemenea oamenilor, – ființe de natură spirituală. La un moment dat, ele au început să se lupte între ele. Atunci am intervenit și am făcut ca, ori de câte ori se privesc, să recunoască în cel din fața lor propriul sine. În clipa aceea, lupta a încetat. Acea dimensiune și acele ființe există și acum.

Pe Pământ, lucrurile stau la fel: noi toți suntem Unul singur, manifestați în nenumărate forme. De la nivelul atomic până la cele mai neobișnuite ființe – oameni, animale, păsări, pești, insecte și alte creaturi – aceeași Conștiință se exprimă în moduri diferite. Noi suntem în ele, iar ele sunt în noi. Suntem un singur Spirit care se manifestă în toate planurile existenței.

Unii oameni, pentru că au avut acces la informații tainice sau fac parte din grupări secrete, se cred superiori celor obișnuiți și îi desconsideră. Ei nu știu că se vor întoarce pe Pământ în alte trupuri și se vor întâlni cu propriile gânduri și fapte. Am trăit de multe ori pe Pământ și am ajuns la cele mai înalte niveluri din punct de vedere omenesc. Am făcut parte din cel mai important grup de oameni de pe planetă și am trăit, pe rând, viața fiecăruia din acel grup, pentru că Pământul a fost „restartat" de foarte multe ori.

Cei care azi sunt „sus" nu știu că nu vor rămâne acolo la nesfârșit, ci că altcineva va veni în trupul pe care ei îl locuiesc acum. Pământul se va reseta din nou, iar spiritul lor va locui alte corpuri. Am avut multe vieți în care am aparținut unor grupuri cu acces la informații secrete. Greșeala mea – și a celor de astăzi – a fost că am fost prinși într-o lumină iluzorie, din care priveam cu dispreț oamenii simpli. Nu judec pe nimeni, fiindcă și eu am fost așa.

Ceea ce doresc să explic este că oamenii nu percep acea frecvență care adună tot ceea ce are viață; asemenea unei benzi automate, ea culege totul, inclusiv pe cei care se cred invincibili. Apoi, totul se „restartă", totul reîncepe și se repetă: gripa spaniolă, Primul Război Mondial, Al Doilea Război Mondial – toate se repetă, însă fiecare dintre noi se află într-un alt corp fizic.

Sunt convins că puțini oameni de pe planetă înțeleg și știu aceste lucruri. Mesajul meu pentru cei de „sus" este acesta: **faceți acum ceea ce doriți să întâlniți mai târziu**. Când am fost sus, nimeni nu mi-a spus aceste adevăruri. Voi, cei care sunteți sus, aveți ocazia să schimbați ceea ce se va întâmpla în următorul ciclu în care Pământul, cu tot ce este pe el, se va repeta. Veți întâlni ceea ce ați schimbat, doar că veți fi în alte corpuri. Dacă doriți să întâlniți binele, va trebui să faceți bine.

Acest mesaj este pentru orice ființă umană. Fiecare se va întâlni cu ceea ce a făcut, indiferent că este spirit, entitate, om, „extraterestru" și așa mai departe. Indiferent de forma de manifestare, orice ființă se va întâlni cu propriile manifestări – atât ale gândurilor, cât și ale faptelor.

În încheiere, doresc tuturor oamenilor să fie înțelepți și să aleagă binele. Dacă cineva nu poate, pentru moment, să facă bine, este mai bine să nu facă nimănui rău, fiindcă răul pe care îl faci altuia ți-l faci, de fapt, ție și ți-l pregătești pentru viitorul tău.

Fiți înțelepți!

Concluzie

Adevărurile de dincolo de om nu sunt menite să aducă frică, ci lumină. Ele ne arată că nimic nu este întâmplător, că fiecare viață are un rost și că fiecare alegere lasă o urmă în țesătura universului. Deși pare că suntem separați prin trupuri, prin roluri sociale, prin epoci diferite, în realitate suntem expresii ale aceluiași Spirit etern.

Ceea ce facem astăzi nu se pierde în neant, ci se va întoarce la noi, sub alte forme, în alte timpuri. De aceea, responsabilitatea pe care o avem față de gândurile și faptele noastre este uriașă. Ele nu modelează doar prezentul, ci și viitorul nostru, precum și viitorul celor de lângă noi.

Mesajul pentru cei „de sus", dar și pentru fiecare dintre noi, este simplu: **faptele tale de astăzi devin lumea ta de mâine.** Puterea pe care o deții nu este un privilegiu etern, ci o probă. Dacă o folosești pentru bine, vei culege bine. Dacă o folosești pentru rău sau indiferență, vei întâlni exact aceleași umbre pe care le-ai creat.

Adevărata înțelepciune nu stă în a strânge informații secrete sau a urca trepte ale ierarhiei lumești, ci în a recunoaște că totul este Unul. Fiecare gest, oricât de mic, are un ecou cosmic. Alegând să faci bine, chiar și atunci când pare că nu contează, alegi de fapt pentru eternitatea ta.

În cele din urmă, lecția este aceasta: **libertatea nu înseamnă să scapi de ciclul vieții, ci să creezi conștient, cu iubire, înăuntrul lui.**

Întrebări pentru reflecție

— Dacă totul se repetă și mă voi întâlni din nou cu faptele mele, ce aleg astăzi să creez?

— Cum pot să transform puterea pe care o am, oricât de mică, într-un instrument al binelui?

Notițe ale cititorului:

Încheiere

Această carte nu a fost doar o adunare de cuvinte, ci o călătorie – o punte între trecut și viitor, între vizibil și invizibil, între fragilitatea umană și eternitatea sufletului. Fiecare capitol a fost o treaptă, o fereastră către adevăruri pe care sufletul le știe dintotdeauna, dar pe care mintea le uită.

Am vorbit despre vieți anterioare, despre putere și iubire, despre lecțiile repetate ale existenței și despre vindecarea care ne așteaptă atunci când alegem să privim în inimă. Am atins mistere și am dezvăluit fragmente din realități mai mari decât cele pe care le percepem cu ochiul liber. Dar dincolo de toate acestea, amintirea cea mai importantă este una simplă: **noi suntem Unul**.

Nu există separare reală între oameni, între lumi, între timpuri. Tot ceea ce ai trăit, tot ceea ce vei trăi, fiecare zâmbet și fiecare lacrimă, fiecare victorie și fiecare cădere – toate fac parte din același dans sacru al Spiritului care se descoperă pe sine.

Această carte nu îți cere să crezi, ci să simți. Să asculți vocea tăcută a sufletului tău și să îți amintești cine ești: o scânteie divină, veșnică, parte dintr-un întreg infinit.

Mesaj pentru tine, cititor drag

Îți mulțumesc pentru că ai mers până aici, pentru că ai ales să deschizi inima și să citești aceste pagini cu sufletul treaz.

Vreau să știi un adevăr simplu și adânc: **ești iubit.** Nu pentru ceea ce faci, nu pentru ceea ce ai, nu pentru cine crezi că „trebuie" să fii, ci pentru cine ești în esența ta – un copil al Luminii, pur și strălucitor.

Oricât de grea ar fi fost calea ta, oricât de multe răni ai purtat, oricât de adânci au fost umbrele – ele nu definesc cine ești. Ele au fost doar profesori. Adevărata ta identitate este iubirea.

Trăiește cu blândețe. Iartă-te și iartă-i pe ceilalți. Bucură-te de lucrurile simple. Alege să faci bine chiar și atunci când nimeni nu vede. În fiecare gest de iubire, în fiecare clipă de compasiune, tu luminezi lumea întreagă.

Și atunci când vei uita, adu-ți aminte: nu ești singur. Suntem împreună, dincolo de timp, dincolo de văluri. Suntem Unul.

Această carte nu este doar o adunare de cuvinte.

Ea este o chemare, un fir de lumină care ți-a fost întins pentru ca tu să îți amintești cine ești cu adevărat.

Fiecare pagină este o oglindă. Ceea ce vei citi aici nu este doar povestea mea, ci și a ta. Vei regăsi frânturi din propriul tău drum, vei simți ecoul propriului suflet și, poate, vei auzi vocea tainică a inimii tale care îți șoptește:

„Eşti mai mult decât trupul tău."

„Nu eşti niciodată singur."

„Eşti iubire, şi iubirea este tot ceea ce rămâne."

Îţi dăruiesc aceste rânduri cu speranţa că îţi vor aduce pace, curaj şi încredere în propria ta lumină.

Oriunde te-ai afla pe cale, să nu uiţi: tu eşti un dar pentru această lume.

Şi lumea întreagă este mai bogată prin simpla ta existenţă.

Fii lumină. Fii iubire. Fii liber.

Cu iubire şi recunoştinţă,

Bereczki Sandor Onisim

www.ingramcontent.com/pod-product-compliance
Lightning Source LLC
Chambersburg PA
CBHW030332080526
44584CB00012B/835